수목장길

자연으로 돌아가는

수목장, 자연으로 돌아가는 길

펴낸날 2018년 9월 20일

지은이 김형준·조진구
펴낸이 주계수 | **편집책임** 윤정현 | **꾸민이** 유민정

펴낸곳 밥북 | **출판등록** 제 2014-000085 호
주소 서울시 마포구 양화로 59 화승리버스텔 303호
전화 02-6925-0370 | **팩스** 02-6925-0380
홈페이지 www.bobbook.co.kr | **이메일** bobbook@hanmail.net

© 김형준·조진구, 2018.
ISBN 979-11-5858-468-9 (03330)

※ 이 도서의 국립중앙도서관 출판시도서목록(CIP)은 e-CIP 홈페이지(http://www.nl.go.kr/cip)에서 이용하실 수 있습니다. (CIP 2018029464)

수목장 길

자연으로 돌아가는

김형준·조진구 지음 | 임석재 감수

밥북
B·A·B·K

머리말

　재단법인 무궁화공원묘원에서 근무하고 있던 어느 날 지인으로부터 연락을 받았다. 부모님 묘소 이장을 위해 수목장에 대해 묻는 내용이었는데 전화로 이야기하다가 길어져 결국 만나서 설명을 하는 상황이 되었다. 한참을 두서없이 설명하던 도중 문득 든 생각이 수목장에 대한 자료와 인식 자체가 너무 빈약하다는 생각이 들었다. 실제로 온라인 서점을 뒤져봐도 한 손에 꼽을 정도의 도서가 검색되는 것을 보고 정신이 번쩍 들어 자료를 만들어야겠다는 생각에 정신없이 자료를 모으고 글을 쓰다 보니 어느새 출판까지 오게 되었다. 지난 일년간 길다면 길었고 짧다면 짧았던 시간 속에 자료조사와 함께 글을 쓰다 보니 수목장을 개발하는 본인조차도 몰랐던 사실도 많이 알게 되었고 아직 국내에서 미개척지인 수목장

분야에 대해 더욱 정확히 알리고 싶었던 욕심이 앞서 책이 너무 딱딱해지지는 않았나 하는 걱정도 든다. 하지만 이 책으로 말미암아 대한민국의 장례문화가 개선될 수 있다는 생각에 멈추지 않고 올 수 있었던 것 같다. 끝으로 이 책의 완성을 위해 도움과 자문을 아낌없이 해주신 재단법인 무궁화공원묘원의 **임석재 상임고문님**과 이 책의 공동저자이신 **조진구님**께 무한한 감사를 드린다.

2018년 9월 김형준

3장_ 좋은 수목장이란

4장_ 한국 장례문화의 미래

1장

장묘문화葬墓文化의 변화

유교 문화에서 비롯된
보편적 장례문화 '매장'

우리나라의 대표적인 장례법이 무엇인가를 묻는다면 가장 먼저 무엇을 떠올릴 것인가. 아마도 '매장(埋葬)'을 가장 쉽게 떠올릴 것이다. 여러 사람이 어떤 절차를 걸쳐 상여를 통해 관을 옮기고 산에 올라 미리 파 놓은 묏자리에 관을 눕힌다. 유가족들이 하나둘 흙을 덮으며 마지막 인사를 하는 등 매장식 장례법은 우리 모두의 뇌리에 깊이 박혀 있다. 매장이 대표적이고 보편적인 우리나라 장례절차로 자리 잡은 이유는 무엇일까. 이는 '유교 문화'와 밀접한 관련이 있다.

조선 이전 시대의 장례법은 우리의 생각과는 다소 달랐다. 삼국시대나 고려시대, 그리고 조선 전기까지만 하더라도 우리나라에는 다양한 형태의 장례문화가 공존하고 있었다. 사실 유교 문화가 우리에게 큰 영향을 미치기 전에는 시대별로 놓고 보아도 제도화된 장례문화가 존재하지 않았다. 그렇기 때문에 매우 다양한 형태로 장례를 치러왔다.

특히 고려시대의 경우 사회적 신분질서에 따라 장례절차가 매우 다양하게 나타났는데, 봉분의 규모나 이용재료, 매장방법은 권력과 부의 정도에 따라 매우 다르게 나타났다. 또한 고려시대에는 화장을 담당하는 국가기관이 따로 존재했다. 각종 문헌에는 화장이 아주 보편적으로 활용된 장례법으로 기록되어 있다.

이는 조선 전기까지도 이어져 조선 전기까지만 해도 우리나라에는 화장과 매장이 여러 형태로 혼합되어 장례법으로 활용되었다. 그러나 유교가 우리의 삶에 확실히 자리 잡은 뒤, 우리의 장례문화는 확연히 달라졌다. 문화·제도적 측면에서 보다 엄격성의 틀을 가지고 '매장'이 본격적으로 정통성을 갖춘 장례법으로 활용되었다.

» Information

상례 및 장례와 관련해서는 법률로 정의가 되어 있다. (참고: 「장사 등에 관한 법률」 제2조 제1호·2호·3호)

■ 장사란?

일반적으로 장사란 죽은 사람을 땅에 묻거나 화장하는 일을 말함, 장사를 지내는 예식을 장례라고 한다. 실제로 장사와 장례를 구분하지 않고 혼용한다.

■ 장사방법이란?

① 매장: 시신이나 유골을 땅에 묻어 장사하는 방법
② 화장: 시신이나 유골을 불에 태워 장사하는 방법
③ 자연장自然葬: 화장한 유골의 골분(骨粉)을 수목·화초·잔디 등의 밑이나 주변에 묻어 장사하는 방법
④ 개장(이장移葬): 이미 매장한 시신이나 유골을 다른 분묘 또는 봉안시설에 옮기거나 화장 또는 자연장하는 방법

출처: www.easylaw.go.kr(생활법령정보)

◆ 매장 문화와 풍수지리 그리고 효(孝)

우리의 장례문화가 본격적으로 '매장'을 중심으로 제도화되기 시작한 것은 중국의 성리학자 주희의 [가례] 덕분이다. [가례]에는 국가의 여러 가지 의례들을 유교식으로 행하는 각종 방법과 절차 등에 대한

내용이 들어 있다. 뿐만 아니라 의례를 잘 실천한 자를 포상하고 그렇지 못한 사람들을 징벌하라는 등의 지엽적인 내용들까지 아주 세밀하게 담겨 있다.

당시 조선이 이를 국가 운영의 이데올로기를 확립하는 하나의 도구로 본격적으로 활용하기 시작하면서 우리의 다양했던 장례절차도 '매장'으로 획일화되었다. 즉, 유교적 상·장례 문화의 본격적인 도입 및 정착으로 인해 매장을 제외한 장례법 일체가 전면적으로 금지되었다.

매장이 유일한 정통성을 갖춘 장례법이 되면서 현재 우리의 삶에도 많은 부분이 그대로 남아 영향을 미치고 있다. 이와 관련해 가장 먼저 떠올려볼 수 있는 것이 '풍수이론'이다. 매장이 본격화되면서 좋은 매장지를 찾기 위해 '풍수이론'을 토대로 한 음택 사상 등이 괄목할만한 위세를 이루게 되었다.

매장을 위해 좋은 땅을 찾는 것이 조상을 위하는 대표적인 일이 되었다. 이는 충효사상과도 크게 결합하여 큰 위세를 떨치게 되었고, 지금도 굳건히 우리의 삶에 영향을 미치고 있다. '어떤 사람이 아버지를 어느 명당 모시고 재벌이 되었다' 같은 이야기나 '수맥이 흐르는 곳에 묏자리를 잘못 써서 어떤 집안이 망했다'는 이야기 등은 아직도 흔하게 들려오는 이야기일 뿐 아니라 이를 믿는 사람들도 대단히 많다.

또, 이 시기부터 친족이나 문중 단위 중심의 집단묘지도 성행하게 되었다. 풍수지리상 좋은 땅은 한정되어 있다 보니 그 땅에 가까운 친족이나 문중 등의 집단묘지를 이루는 것이 자연히 이뤄졌고, 이는 가문의 위세를 나타내는 일이 되기도 했다. 그리고 묘석이나 묘표, 묘갈, 신도표, 신도비 등 묘비 또한 크기와 형태, 재료 등을 달리하며 발달하게 되면서 점차적으로 이러한 집단묘지나 좋은 묫자리 등이 가문의 권위를 드높이는 대표적인 수단으로 심화되었다.

그리고 이러한 이데올로기가 작동한 것은 권세 있는 가문이나 일부 지배층에 한한 이야기만은 아니었다. 이는 일반 평민들에게도 똑같이 적용되는 이념으로 작동했다. 이 때문에 자식들이 부모 살아생전 부모의 가묘를 미리 만들어 드리거나 좋은 수의를 마련해 두는 등의 일은 자식이 부모에 대한 효심을 다하였음을 증명하는 중요한 증표이자 도리로서 일반적으로 인식되었다. 또 이는 지금도 물론 남아있는 이데올로기라 할 수 있다. 묫자리나 장례법 등을 '효(孝)'와 연결시키는 일은 우리에게 매우 익숙한 관념이다.

우리가 이처럼 장례문화를 '효'와 관념적으로 연결시키는 일은 유교의 한 축을 이루는 '충효사상'과 그에 연관된 '조상숭배사상'에 기인한 것이라 할 수 있다. 그리고 이를 대표하는 말을 우리는 쉽게 떠올려볼 수 있다.

'신체발부수지부모(身體髮膚受之父母)'

유교를 대표하는 공자의 '효경'에 실린 말로, 우리가 익히 들어 잘 알고 있는 말이다. 이 말에 담긴 정신은 고스란히 우리의 정신세계와 각종 관념에 깊은 뿌리를 내렸다. 신체의 모든 부분을 부모로부터 받았기 때문에 아무런 손상이나 훼손 없이 관으로 감싸고 조심스레 매장해야 한다는 것이다.

이는 우리가 유교를 국가이념으로 삼기 시작했던 때부터 지금까지도 후손의 도리이며 효행의 근본으로 추앙받기에 이르렀고, 우리가 기본적으로 가지고 있던 사후세계에 대한 믿음과 결합해 더욱 큰 가치 꾸러미를 이루었다. 인간이 죽고 나면 사후세계에서 살아간다고 믿었기 때문에 자식이 돌아가신 부모님을 훼손하지 않고 조심스레 매장해야 사후세계에서 그 모습으로 되살아갈 것으로 생각한 것이다.

유교 문화권에서는 혼백 즉, 육체를 떠난 혼(魂)과 육신에 계속 붙어 있는 백(魄)에 대한 개념이 자리 잡혀 있다. 이에 대한 믿음을 바탕으로 우리 민족이 꾸준히 조상의 무덤을 관리해야 현세에 좋은 영향을 끼칠 수 있다는 생각을 가지고 믿었다. 이 또한 매장 문화 및 그와 관련된 각종 제반 문화 전반에 영향을 준 요인이기도 했다.

집안에 좋은 일이 생기면 조상님들이 잘 돌봐 준 덕분이라고 생각하고, 안 좋은 일이 생기면 바로 조상님의 묏자리가 잘못되었거나 후손들이 불효를 범했다는 사고가 일반적이었다. 따라서 후손들은 삶에 긍정적인 영향을 받기 위해 조상신들에게 제사를 지내 예를 지키고, 묏자리를 찾기 위해 발품을 팔아왔다.

이처럼 '조상숭배사상'과 '풍수지리' 이론이 '충효사상'과도 결합하면서 '매장'은 명실상부 우리 민족의 대표적인 장례문화로 자리 잡게 되었다.

◆ 유교의 나라, 중국의 장례법

앞서 살펴보았듯 '매장'이라는 우리나라에서 전통적이며 보편적으로 인식된 장례문화는 중국에서 넘어온 유교 사상이 뿌리이다. 그렇다면 중국도 '매장'이 가장 전통적이고 보편적인 장례법일까? 유교 문화의 발상지가 중국인만큼 중국도 우리와 마찬가지로 매장을 주된 장례법으로 활용했던 것은 사실이다. 그러나 이는 1950년대까지만 통용될 수 있는 이야기다.

이를 바꾼 중요한 인물은 그 유명한 '마오쩌둥'이다. 중국의 영토는 정말 광활하다. 그럼에도 불구하고 매장으로 인한 산림 황폐화 문제가 심각했다. 마오쩌둥은 1956년 '장묘문화혁명'을 실시했다. 이 혁명의 골자는 매장을 금지하고 화장을 하도록 장려하는 것이었다. 마오쩌둥이 염려했던 것은 막대한 산림 등이 수많은 묘지로 뒤덮여 황폐해지는 일이었다. 이와 같은 마오쩌둥의 '장묘문화혁명' 이후 중국은 '화장'이 법적으로 정해진 장례법이 되었다.

중국법에 의하면 중국은 장례 시 100% 화장을 해야 한다. 이는 별것 아닌 것 같아 보여도 매우 근본적인 변화이다. 이 혁명은 충효나 조상숭배 등에 대한 기존의 가치관에 대해 근본적이고도 거대한 변화였다. 유교 이념의 균열은 연이은 여러 사상과 관념의 해체 또는 붕괴로 이어져 실질적인 삶의 변화를 끌어냈다. '장묘문화혁명' 이후 중국의 장례문화는 훨씬 간결하게 진행되고 있다. 그리고 이는 중국의 지도층이 이러한 문제에 문제의식을 가지고 몸소 문화를 선도했기 때문이었다.

중국 중앙 군사위원회 주석이었던 덩샤오핑(鄧小平) 부부와 다섯 남매는 자신들의 사후 장례절차를 간소하게 할 것을 공개서한을 통해 유언으로 남겼고, 화장 후 바다에 뿌려졌다. 저우언라이(周恩來) 전 총리는 일찍이 1979년에 사망 당시 화장하여 바다에 뿌려졌고, 그로부터 10년 후 1989년 후야오방(胡耀邦) 총서기 역시 사망을 한 후 화장하여

장시성(江西省) 황무지에 유골이 안장되기도 했다.[1] 이처럼 허례허식을 탈피하고, 막대한 산림의 피해를 막고자 하는 지도층들의 솔선수범은 유교 문화의 발상지인 중국의 장례문화 패러다임을 완전히 바꾸어 놓았다.

◆ 일본, 절차의 간소화

---

1) 오세균 기자, [중국話] 묘소 비석에 남겨진 의문의 휴대전화 번호, KBS NEWS, 2015년 12월 9일

그렇다면 우리와 함께 유교 문화를 받아들였던 일본의 상황은 어떠할까. 일본은 이와 관련해 우리나 중국보다 훨씬 빨리 여러 문제점을 실질적으로 개선하려는 노력을 시작해 성과를 이루었다. '메이지 유신'으로 우리에게 잘 알려진 19세기 메이지 시대에 이미 일본은 강력한 행정력을 동원하여 장례 간소화 정책을 추진했다.

일본 정부는 주류를 대접하지 못하게 하거나, 답례품 관습을 폐지하도록 하고, 회장자(會葬者) 범위를 제한하는 등 장묘 절차의 부수적인 부분 등에 있어서도 지속적으로 간소화했다. "1948년 '묘지(墓地) 및 매장취체규칙(埋葬取締規則)'을 제정하여 공영 화장장(公營火葬場)을 전국에 건설하면서 매장을 금지하고 화장을 장려했고, 매장이나 화장된 유골에 대한 토장(土葬)은 지방 자치단체장의 허가를 받은 묘지 구역 내에서만 가능하도록 규정했다."[2]

인구구조의 변화나 토지의 효율적 이용, 환경문제 등 매장으로 말미암은 각종 문제로 인해 세계적으로 장례문화의 흐름은 전적으로 바뀌고 있다. 우리는 유교 문화를 아주 깊숙이 절대적으로 받아들였던 만큼 시대의 세찬 흐름 속에 서 있다. 따라서 정말 우리에게 중요한 것은 앞으로 장례문화를 어떻게 제대로 설계할 수 있는가에 달려있다고 할 것이다.

---

2) 한국장례문화 진흥원(http://www.kfcpi.or.kr) 참고

한국, 고령화로 인한

망자 수 증가

◆ 망자 수 변화가 장례문화에 미치는 영향

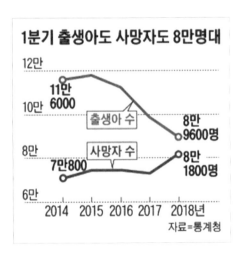

1분기 출생아도 사망자도 8만명대

12만

11만
6000

10만

출생아 수

8만
9600명

8만

사망자 수

8만
1800명

7만800

6만

2014 2015 2016 2017 2018년

자료=통계청

장례문화에 대해 깊은 문제의식을 가지게 된 주된 원인 중 하나로 '노령인구의 증가'와 '고령화 문제'를 먼저 거론하지 않을 수 없다. 출생 인구는 줄어들고 노령 사망자는 늘어가며 우리나라도 고령화 사회에 접어들었다. 이 때문에 파생되는 문제는 모두 열거하기 힘들 정도로 많다. '매장 문화'에 국한하여 살펴보아도 이미 감당하기 어려운 현실 속에 돌입해 있다.

　이에 더해 사망자 수가 증가하고 있다는 것이 매우 심각한 문제다. 사망자 수는 2018년 처음으로 30만 명을 돌파하고 앞으로 30년간 1,387만 명에 달할 것으로 예측된다. 이는 지난 30년간 748만 명이었던 데 비해 1.9배나 늘어난 수치이다.

　사망자의 수가 이토록 빠르게 증가하면 실질적으로 어떠한 영향을 주게 될까? 일단 '매장'과 관련해 발생하는 문제를 떠올려보지 않을 수 없다. '매장' 문화는 안치에도 만만치 않은 각종 수고와 비용 등이 소요되지만 관리를 위한 기대비용 또한 막대하다는 특성을 가진다.

　설, 추석 등 명절은 물론 기일 등에 가족들 모두가 조상을 모셔둔 곳에 삼삼오오 모여 제사를 지내고, 서로의 안부를 묻는 것이 우리의 일상적인 모습이다. 묘지를 자주 찾아뵙고 인사드림으로써 효를 실천해야 한다는 관념은 우리에게 공통적으로 자리하고 있다. 특히, 장자에게는 조상님이 묻힌 묘소를 꾸준히 관리하고 가꾸어야 하는 책임감이 부여되어있기도 하다.

그런데 현재는 대가족이 해체되어 핵가족이 대세가 되고, 저출산 시대에 장자에게 책임감을 부여하는 관습은 해묵은 것이 되어 버렸다. '효'를 실천하기 위해 양지바른 곳 또는 선산에 부모님을 모셨지만, 바쁜 현대인으로서는 접근성이 떨어져 자주 찾아뵙지 못함으로써 '불효'를 저지르고 있다는 죄책감이 드는 아이러니한 상황만 생겨나고 있다. 더욱이 지금 같이 출산율이 줄어들고, 망자 수가 크게 늘고 있는 추세가 이어지면 다음 세대 자녀들은 1명당 기본적으로 관리해야 하는 묘소가 최소 4기에 달하게 된다.

과거 세대의 경우 자신이 장자라 할지라도 불가피하게 묘소를 관리하지 못할 경우가 생기게 되면 형제들에게 묘소 관리를 부탁하면 되었지만, 외동이 늘게 되며 묘소 관리를 부탁할 사람이 마땅히 없는 것이 현실이 되었다. 때문에 벌초를 위해 최근에는 대행 서비스를 이용하기도 한다.

이처럼 우리가 '매장'으로 파생되는 각종 사후관리 등을 서비스 대행을 통해서라도 수행하는 이유는 현실적으로 많은 이들이 바쁜 일상 속에서 그를 다 세세하게 관리하지 못하는 여건에 놓여 있고, 그렇기 때문에 발생하는 조상에 대한 죄책감 등을 조금이나마 덜어 보려는 마음 때문이다. 우리가 이 문제를 쉽사리 해결하지 못하는 이유가 바로 여기에 있다. 오랫동안 우리에게 자리 잡은 관념과 의식이 결부되어 '불효'에 대한 죄책감이 개입되는 등 저항과 방해를 견인하는 요소가 많기 때문이다.

그러나 다행히도 이 문제는 현재 젊은 세대부터는 크게 달라질 것으로 보인다. 현재의 젊은 층 대다수는 이러한 어려움 등을 현실적으로 겪어 왔기 때문에 자신이 죽었을 때에는, 자신의 자녀들에게 자신이 겪었던 어려움을 대물림하기 원치 않아 '화장'을 선택하겠다는 등의 의사를 적극 피력하고 있기 때문이다. 이러한 인식의 변화는 환영할 만하다.

'매장'으로 인해 각종 파생되는 문제들은 이미 우리에게 다급한 문제이기 때문이다. 장례문화를 개선하는 일은 우리에게 발등에 불이 떨어진 수준이다. 지금도 국토의 1/3이 묘지로 뒤덮여 있다는 말이 나오고 있는 상황에서 우리가 장례문화로 매장법을 버리지 못하는 것보다 아둔한 일은 없다. 우리는 하루빨리 미래의 장례문화가 될 수 있는 대안을 마련하고 장려해야 할 중대한 기로에 서 있다.

묘지면적 증가와
국토이용의 저해현상

◆ 살아서는 주택 걱정, 죽어서는 묏자리 걱정

묘지를 구입하여 매장하는 방식은 우선 비용적으로도 화장방식에 비해 비용이 많이 든다. 2015년 한국소비자보호원 조사에 따르면 매장방식의 장례를 치른 사람은 화장에 비해 230만원 가량 더 지출됐다. 여기서 눈여겨볼 것은 이 설문조사에 응한 사람들 중 매장방식을 택한 경우 이미 '가족들의 선산이 마련되어있는 경우'거나 미리 준비가 되어 있다고 답한 사람들이 많았다. 다시 말해 미리 선산이 준비되지 않은 사람이라면 새로운 매장지를 찾고 구입하는 비용이 평균 통계치보다 더 많이 소요된다는 것을 유추할 수 있다. 또 매장지를 3평-10명 사이에서 선정하므로 평수와 위치, 업체에 따라 가격이 오를 수 있는 여지가 많다.

현재 우리나라 전체 국토에서 묘지가 차지하는 비중이 약 1%다. 국민들이 주거 면적으로 차지하는 비율이 2.7%(국토교통부 통계)인 것에 비하면 묏자리는 생각보다 높은 비중을 차지하고 있는 셈이다.[3] 여기에 더해 매년 여의도 면적만큼의 새로운 묘지가 계속해 늘고 있다. 또한 사망자 수의 증가 등으로 인해 현재 이미 주거 면적의 약 33%에 해당하는 묘지 비율은 개선의 여지가 없다면 더욱 빠른 속도로 커질 것이다.

우리는 이로 인한 국토의 경제적 손실 등을 따져보지 않을 수 없다. 매장의 제반 절차로 인해 발생하는 사회·경제적 문제에 더해 묏자리 사체의 문제도 크게 대두하고 있는 것이다. 이를 통계수치가 여실히 보여준다. 한국보건사회연구원에 따르면 묏자리로 인한 경제·공익적 손실은 연간 1조4,635억 원에 달하는 것으로 나타났다. 과거에는 좋은 묏자리를 찾아 부모님을 찾아 모시는 것이 효를 다한 것이라고 생각했다. 그러나 최근 들어 과연 이것이 옳은 방향인지를 되묻는 경우가 늘어난 것이다. 매장방법에 따른 장례가 후손들의 주거 면적과 경제적 측면까지 위협하는 지경까지 이르렀기 때문이다.

---

3) 김정우 기자, 대세로 자리매김한 '화장' 문화 …'묘지 강산' 우려 사라지다, 한경비즈니스, 2017년 9월 25일

◆ 국토의 효율적 이용 위해 안간힘 쓴 정부

● 2016년 묘지 현황

(단위: 천 구)

구분	총계	공설	사설				
			계	법인	종·문종	가족	개인
개소 수	152,652	341	152,311	153	10,633	9,439	132,086
매장 능력	3,086	737	2,349	1,565	462	322	-

〈출처: 보건복지부〉

사실 산업화가 추진된 1960~1970년대 들어 이미 우리 정부는 국토의 효율적 이용을 위해 묘지에 대한 각종 제한 조치를 강화했다. 국토개발, 도시개발 등의 명목과 신도시가 개발로 인해 묘지를 갖고 있던 사람들에게 보상금을 쥐여주며, 스스로 묘를 이장하게끔 유도했다.

하지만 전체 국토에서 차지하는 묘지면적 비율을 줄이는 데는 실패했다. 도시 이외의 지역에는 묘지가 꾸준히 설치되었고, 각종 제한구역에도 불구하고 불법적인 설치도 지속되어 왔다. 따라서 정부는 시한부 매장제를 도입하는 등 국토의 효율적 이용을 위해 다양한 방법을 강구하고 있다.

우리나라가 유독 큰 어려움을 겪고 있는 이유는 무엇일까. 단순히 영토가 상대적으로 크지 않기 때문일까. 각 나라마다 사회적 풍습이나 자연환경 등이 다 다르긴 하지만 우리와 비슷하거나 비교적 우리보다 좁은 영토를 가지고 있으면서도 묘지 관리를 효율적으로 하는 나라도 있다.

예를 들어 다른 아시아와 유럽 국가들의 경우 공공묘지와 법인(교회)묘지만을 인정하고 있으며, 특히 개인묘지의 경우에는 일부의 아주 특수한 경우에 한해서 허가한다. 묘지 규격을 규정하는 제도에 있어서도 큰 차이가 있다. 일본은 분묘 1기당 4㎡ 내외, 홍콩은 2㎡, 스위스는 1㎡, 프랑스 2㎡ 등으로 묘지 규격을 규정하고 있다.

우리 장례문화에
불고 있는 변화의 바람
: 매장에서 화장, 그리고 자연장으로

◆ 산업화로 인한 장례의식의 변화

저출산, 고령화 등 당면한 각종 사회문제와 함께 '매장' 자체가 유발하는 현실적인 각종 어려움 등에 기인해 우리의 장례문화에도 큰 변화의 바람이 불어오고 있다. 게다가 유교적인 문화 양식도 차츰 해체되는 양상을 보이면서 이 현상은 더욱 가속되고 있다. 또한 인구구조의 변화, 비용 문제와 토지 부족 문제, 산업사회로의 전환, 각종 생활방식의 변화 등으로 더 이상 우리에게는 맞지 않는 옷이 되고 있다.

농경사회였던 이전 우리의 현실에서는 경조사는 곧 마을 전체의 일이었다. 경조사가 발생하면 이웃끼리 서로 도와가며 일을 치렀고, 특히 장례를 치를 때에는 손수 만든 음식을 조문객에게 대접하고, 몇 날 며칠 밤을 새우며 고인과의 추억을 회상하고 슬픔을 함께하는 것이 우리의 일상이었다.

삶의 터전인 집이 곧 장례식장이 되었고, 수의는 직접 제작하였으며 묘지는 선산에 모셨다. 그 과정에서 장지까지 관을 이고 산을 오르고, 흙을 뿌리며 관을 묻는 일 등 3일간 행해지는 모든 장례절차에는 이웃 사람들이 함께했다. 말로만 슬픔을 함께 나누는 것이 아니라 직접 몸소 모든 것을 함께 하며 몸으로 마음으로 함께 장례를 치렀던 것이다.

하지만 산업화가 시작되고 사람들이 자신들의 고향을 벗어나 도시를 주된 삶의 터전으로 삼게 되면서 이러한 문화는 완전히 양상을 달리하게 되었다. 뿔뿔이 고향을 떠나 도시에 모이게 된 사람들은 어쩌다 보니 단지 모여 살게 된 사람들일 뿐, 이전의 이웃들처럼 모든 일을 함께 공유할만한 이웃의 지위를 얻지 못했던 것이다. 이웃집의 숟가락 개수까지 모두 알았던 과거와는 완연한 차이였고, 이로 인해 발생하는 우리의 생활양식 또한 크게 달라졌다.

이와 같은 변화로 인해 가족 중 망자가 발생하면 장례식장을 마련하고 수의를 맞추며 음식을 준비하는 등 이전에는 마을 사람 모두가 함께했던 일들을 모두 개인 혹은 일가가 단독으로 준비해야 되는 상황이 된 것이다. 그리고 그러한 변화로 인해 자연히 장례과정을 대행하는 서비스가 등장했고 장례과정을 제3자에게 맡기는 일은 현재 우리의 일상이 된 지 오래다. 때문에 비용 문제는 아주 중요한 문제가 되었다.

장례과정을 대행하는 데 필요한 장례비용도 만만치가 않은데 과거와는 달리 형제의 수가 줄어들고 있다 보니 일 인당 지불해야 하는 비용 부담이 매우 커지게 된 것이다. 게다가 '매장'까지 하게 된다면 과연 그 비용은 어떻게 감당해야 할까. 사정이 이렇다 보니 비용 문제에 더해 사후적으로 주기적인 관리까지 도맡아야 하는 매장이 점차 우리의 현실과 달라져 도태되고 있는 것이다.

선산이 없는 경우 부모님을 모실 묘지 자체를 구하는 것이 매우 어려운 것이 현실이다. 부모님을 생각해 양지바른 곳의 묘지라도 찾으려고 하면 그 가격은 감당하기 어려울 정도로 높이 뛰고, 선산이 있다고 하더라도 대부분 자신의 생활권에서 멀리 떨어져 차로 몇 시간은 이동해야 하니 선뜻 모시기가 어려운 것이다.

또한 이러한 현실적인 어려움은 부모세대도 이미 공감하고 있는 내용이다. 때문에 '내가 죽고 나면 내 자식이 이 먼 거리를 매번 찾아와 내 묘소를 잘 관리해 줄 수 있을까?' 라는 현실적인 두려움이 부모세

대의 인식 속에도 이미 자리를 하고 있다. 그리고 이는 우리에게 있어
'탈 매장화'를 가속하게 만든 하나의 요인이 되기도 했다.

◆ 2017년 사망자 10명 중 8명이 '화장'

● 연도별 화장률 추이

(단위: %)

년 도	'94	'04	'05	'06	'07	'08	'09
화장률	20.5	49.2	52.6	56.5	58.9	61.9	65.0
년 도	'10	'11	'12	'13	'14	'15	'16
화장률	67.5	71.1	74.0	76.9	79.2	80.8	82.7

● 연령별 화장률

(단위: %)

구 분	39세 이하	40~49세	50~59세	60~69세	70~79세	80세 이상 가족
화장률	96.7	96.3	94.3	90.1	81.5	75.4

〈출처: 보건복지부〉

이제 장례문화는 급속도로 변화하고 있다. 현재 사람들에게 가장 많은 대안으로 선택되고 있는 것은 '화장'이다.

화장한 유골의 안치 방법은 봉안당, 봉안탑 등 봉안시설에 안치하는 방법, 잔디, 화단, 수목장 등 자연장지에 안치하는 방법 등이 있다. 이처럼 화장을 장례법으로 활용하게 되면 그동안 문제로 대두하였던 묫자리로 인한 문제들이 대부분 해결된다. 또한 사후관리 문제나 비용 문제 등도 획기적으로 개선될 수 있다.

장례법으로서의 '매장'이 수백 년간 우리나라를 대표하는 장례법으로 줄곧 한 번도 흔들리지 않았던 우월적 지위에 있었던 만큼 20년 만의 이러한 변화는 실로 어마어마한 것이다. 이미 장례법으로서의 '화장'은 아주 급속도로 우리 장례문화를 대표하는 대세의 위치에 오르고 있다.

65세 이상 국민들이 가장 바라는 장례 방식이 '화장 후 봉안'이나 '화장 후 자연장'으로 변화하고 있다. 통계청이 2016년 발표한 '2016 고령자 통계'에 따르면 이미 65세 이상 국민의 37.3%가 '화장 후 봉안'을, 뒤이어 31.2%가 '화장 후 자연장'을 가장 바라는 장례 방식으로 꼽았다. 가장 선호하는 장례법으로 '매장'을 답한 비율은 고작 28.6%에 불과했고, 이 조사가 시작된 이래 '화장 후 자연장'에 대한 선호는 25.0%

에서 28.2%, 그리고 31.2%로 지속적인 오름세에 있다.

그렇다면 화장의 비율은 지역에 따라서도 달라질까? 그렇다. 서울, 부산, 인천 등 도시화가 많이 된 지역의 경우 화장률 전국 평균 80%를 훨씬 웃도는 것으로 조사되었다. 이와 대조적으로 제주, 경북 등은 전국 평균에 못 미치는 것으로 조사되었는데, 이 지역들마저도 기본적으로 화장률의 수치 자체는 70%에 육박했다.

이렇게 지역별로 화장률이 차이를 보이고 있는 것은 지역만의 풍습과 장례시설 인프라 등에 의한 것으로 볼 수 있다. 예를 들어 우리나라에서 가장 낮은 화장률을 보이고 있는 제주도의 경우는 지역의 풍습 등을 이유로 크게 차이를 보이고 있다.

이처럼 지역적 풍습이 강하게 작용하는 곳들 이외에 화장률의 차이를 보이는 것은 대부분 지자체에 갖춰진 화장시설에 의한 것이다. 화장률이 가장 높은 경남 통영(3기)·경남 사천(4기)·경남 진주(7기)·부산(15기) 등은 다수의 화장로가 운영되고 있는 곳이다.

반면 화장률이 가장 낮은 충남 청양·경북 예천·전남 장흥 등에는 화장로가 전혀 없다. 이 지역 사람들은 화장을 하고 싶다면 다른 지역으로 옮겨 가서 한 후 다시 지역 내 봉안시설로 돌아와야 한다. 또한 부수적으로는 농어촌 지역 등지에서는 아직 매장할 땅이 충분하거나 선산을 가지고 있는 경우가 많아 매장의 선호도가 유지되는 편이다.

◆ 수목장 선호도, 점점 증가 추세

이미 우리나라의 대표적인 장례법이 '화장'이 되었다고 해도 과언이 아니다. 그다음으로는 봉안장소와 형태 등에 대한 고민을 할 필요가 있다. 봉안 방법에는 봉안당, 봉안탑 등 봉안시설에 안치하는 방법, 잔디, 화단, 수목장 등 자연장지를 하는 방법이 있다.

최근 조사에 따르면 수목장 등이 현재 대세인 납골당 및 묘지 봉안형 등과 대등하거나 우위인 선호를 보였다. 실제로 우리나라의 '화장후 자연장' 문화가 합법화에 이르게 된 것은 불과 10년 정도밖에 되지 않았다.

정부가 '장사 등에 관한 법률'을 개정해 망자의 유골을 나무(수목장), 꽃밭(화초장), 잔디(잔디장) 등 자연물 아래 두는 것을 허용하게 된 것은 2007년 5월에 이르러서다.

또한 국립수목장림이 생긴 것도 그 후 2년 뒤인 2009년 경기 양평군 일대에 산림청이 조성한 '국립하늘숲추모원'이며 그 이후 자연장과 관련된 시설이 크게 늘지 않았음을 감안한다면 자연장에 주목하는 국민들이 늘고 있다는 것은 꽤 놀라운 사실이다.

현재에는 사설수목장림의 대부분이 특정 가족이나 종중원 등만을 위한 시설로 활용되고 있고, 따라서 자연장지 조성이 대단히 미흡한 실정이다. 실질적인 자연장 비율이 다소 낮은 현실 등을 감안한다면 이와 같은 사람들의 선호에 더해 앞으로 이야기할 정부의 정책 기조 등을 토대로 볼 때 수목장의 미래는 밝다.

정부의
적극적 대응

◆ 자연장지 개발 사업

– 성공

이처럼 변화된 사람들의 장례문화에 대한 선호 및 인식전환으로 인해 정부도 이에 적극적으로 대응을 시작했다. 정부의 정책적 방향과 기조는 명확하다. 이미 매장을 위한 공설묘지 등에 있어서는 축소화를 주된 정책적 방향으로 삼고 있다. 신규 공설묘지의 설치는 제한하고, 기존의 공설·공동묘지 등도 재개발해 공원화를 이루거나 자연장으로 만들 수 있도록 유도하고 있다. 특히 이미 시골 등에 난립하는 불법 묘지 등은 법적 제재를 가해 정리할 계획에 있고, 시흥이나 강릉, 태백, 전주 등의 공설묘지는 잔여 부지를 자연장지로 재개발한다는 계획을 발표한 바 있다.

결국 매장을 위한 공설묘지 축소화 방향과 함께 정부는 지난 2013년 발표하고 시행한 '제1차 장사시설 수급 종합계획안'을 통해 정부의 정책적 방향과 기조가 국민들의 현재 선호에 부합하는 '화장 후 봉안'이나 '화장 후 자연장' 등에 있음을 명확히 했다. 그리고 이 계획의 시행 결과 실제 화장률은 82.7%까지 증가했고, 장사시설 확충에 있어서도 21개 시군구에 공설 자연장지와 봉안당의 안치 구를 다량 설치하며 목표치를 초과해 달성했다.

– 한계

그러나 한계 또한 명백히 존재했다. 자연장지나 봉안시설 등의 공급 목표는 달성하였으나 장사시설을 확대하는 것에서는 실패를 맛본 것이다. 이는 무엇보다도 장사시설에 대해서는 국민들의 인식이 여전히 기피 대상으로 설정되어 있는 것에 기인한다. 님비현상으로 인해 장사시설 확충에 있어 큰 애로를 겪고 있는 것이다.

– 해결 방안

정부는 2018년 3월 '제2차 장사시설 수급 종합계획(안)'을 발표하였는데 2차 계획안의 주된 골자도 '지역별 균형 있는 장사시설 공급' 등 장사시설 확대에 있다. 결국 정부의 정책이 제대로 된 성공을 이루기 위해서는 장사시설을 얼마나 확충할 수 있느냐가 그 성패를 가르게 될 것이다.

그렇지만 그럼에도 불구하고 희망적인 기대를 걸어볼 수 있는 것은 수목장 등 자연장에 대한 국민의 선호도가 계속적으로 높아지고 있는 추세에 있다는 데 있고, 정부의 정책 기조도 그에 초점을 두고 있으니 실제적으로 자연장이 늘어나고 중점적으로 완연한 궤도에 올라 활용 되면 장사시설에 대한 국민의 인식도 개선될 가능성이 있다.

그렇다면, '제2차 장사시설 수급 종합계획(안)'은 본격적으로 어떠한 내용을 담고 있을까? 정부가 이 안을 발표하면서 내세운 비전은 '아름다운 마무리, 품위 있는 친자연적 장례문화 확산'이다. 그리고 그 내용은 1) 지역별 균형 있는 장사시설 공급, 2) 편하고 신뢰할 수 있는 장사서비스 제공, 3) 화장률 90%와 자연장지 이용률 30% 목표 등을 담고 있다.

장사시설 확충은 이미 시대적 과제가 되었다. 장사시설로 불공정 혹은 불법행위를 하는 것을 막고, 국가재난을 대비해 지정장례식장 제도를 운영하며 무연고 사망자 등을 위한 장례서비스 등을 실시해 신뢰할 수 있는 장사서비스가 제공될 수 있도록 하겠다는 것이다. 또한, 현재 증가세에 있는 화장률과 자연장지 이용률 등을 더욱 끌어올리겠다는 것이 정부의 목표다.

◆ 지역별 장사시설 편차 문제

　정부가 '제2차 장사시설 수급 종합계획(안)'에서 지역별 균형 있는 장사시설 공급을 주된 정책적 목표로 삼은 것은 먼저 '화장시설의 지역별 편차'와 '화장시설의 지역 간 이용금액의 편차' 때문이다. 이 두 가지 문제로 인해 정부는 지역별로 화장로를 확충할 계획을 세우게 된 것인데, 먼저 화장시설이 없는 경기 북부에서부터 시작해 부산, 제주, 서울 등을 우선 확충 지역으로 설정하고 진행해 나갈 예정이다.

－ 화장시설의 지역 편차

　현재 전국 60여 개 화장시설 중 경북 11곳, 경남 11곳, 강원도 8곳, 전남 6곳, 전북 5곳, 충북 3곳, 충남 3곳 등에 주로 화장시설이 몰려 있고, 대구, 인천, 광주, 대전, 울산, 세종시, 제주 등은 각각 '1곳'에 불과하며 많은 인구가 집중되어 있는 서울은 2곳, 경기 3곳, 부산은 1곳에 불과해 편차가 매우 크다.

－ 지역 간 화장시설 이용금액의 편차

　전국 60여 개 화장시설 중 1곳을 제외하고는 모두 지방자치단체가 직접 운영한다. 따라서 해당 지역의 거주 주민을 우대하고 타 지역의 주민에게는 가격에 편차를 두고 있다. 이 편차는 최소 2배에서 최대 20배까지 달한다고 하니 매우 심각한 문제가 아닐 수 없다. 물론 이는 외지인을 차별하기 위함이 아니라 기피시설의 설립에 동의해준 지역 주민을 위한 정책적 지원 등의 이유였다. 그렇다고 해도 이와 같은 편차가 지속되는 것은 그리 올바르다고 할 수 없다.

자연장지 또한 지속적으로 늘려나갈 계획도 있다. 먼저 자연장지의 양은 충분한 상태지만 지역별 편중 문제가 심각하다. 이 때문에 이용에 불편을 겪는 사람들이 많은데, 자연장지를 이용하고 싶어도 특히 사후관리 문제 등으로 인해 근거리에 장지가 없어 이용하지 못하는 이들이 많다.

이에 정부는 1만 구 이상의 자연장지 공급 부족이 예상되는 서울이나 부산, 대구, 경북 등에 자연장지 조성 계획을 별도로 수립할 예정에 있다. 2016년 기준 경기도는 공설과 사설 자연상시를 포함해 39곳이 있는 반면 대구는 1곳, 부산은 단 한 곳의 자연장지도 조성되어 있지 않는 등 자연장지를 이용하고 싶은 사람이 있다고 해도 원활히 이용하기 힘든 지역이 존재하며 그 편차가 상당하기 때문이다.

시·도	공설				사 설(법인, 종교단체)			
	개소 수	자연장 능력	기 자연장	잔여분	개소 수	자연장 능력	기 자연장	잔여분
계	52	403,141	54,737	348,404	54	937,305	14,000	923,305
서 울	1	25,845	14,815	11,030	–	–	–	–
부 산	–	–	–	–	–	–	–	–
대 구	–	–	–	–	1	5,000	543	4,457
인 천	5	6,717	3,874	2,843	–	–	–	–
광 주	1	10,460	3,314	7,146	–	–	–	–
대 전	1	2,656	1,176	1,480	–	–	–	–
울 산	1	60,500	1,241	59,259	–	–	–	–
세 종	1	77,701	2,305	75,396	–	–	–	–
경 기	12	58,464	11,220	47,244	27	92,275	10,073	82,202
강 원	6	27,278	2,524	24,754	3	6,000	63	5,937
충 북	2	12,937	672	12,265	4	31,850	253	31,597
충 남	3	32,574	1,000	31,574	1	1,600	99	1,501
전 북	6	24,841	5,715	19,126	1	2,570	290	2,280
전 남	8	32,036	523	31,513	3	13,182	396	12,786
경 북	1	4,929	444	4,485	5	8,260	957	7,303
경 남	2	6,525	153	6,372	8	770,304	1,279	769,025
제 주	2	19,678	5,761	13,917	1	6,264	47	6,217

정부가 이와 같이 지역 편차 등을 해소하기 위해 장사시설 확충에 투자하겠다고 밝힌 금액은 5년간 978억 원에 달한다. 이를 분야별로 보면 화장시설에 807.6억 원, 자연장지 확충에 46.9억 원, 봉안시설 확충에 123.7억 원을 투자하는 것으로 되어 있다. 구체적으로 화장시설의 경우에는 22개소를 신축 혹은 증축하고 화장로는 90로를 신설·증설하고, 화장로 150로는 개·보수를 한다고 한다. 또한 무엇보다 지역별 편차를 줄이기 위해 경기, 전남, 경남 등에 새로운 화장시설 신축 등에 중점을 두고 있다.

◆ '수목장림 활성화'를 꿈꾸다

정부는 '편하고 신뢰할 수 있는 장사서비스'를 제공하겠다고 밝혔다. 정부가 이러한 정책 방향을 내세운 이유는 무엇일까. 무엇보다 먼저 장사 관리체계나 제도 등을 시대의 요구에 맞게 개선해 국민들이 신뢰할 수 있는 장사서비스를 종합적으로 구축하겠다는 데 그 의의가 있다고 할 수 있다.

또한 '아름다운 마무리, 품위 있는 친자연적 장례문화 확산'을 모토로 삼고 있다. '친자연적 장례문화 확산'을 가능케 하는 것은 역시나 자연장, 그중에서도 수목장을 활성화하는 것이다. 정부의 이러한 기조에 발맞춰 관련 주무부처인 산림청 역시 수목장림을 활성화하고 많은 수목장림을 조성하기 위해 발 벗고 나섰다.

때문에 국유림 등을 활용해 자연장지 조성이 크게 확대될 수 있도록 규제를 개선했다. 이는 수목장이나 화초장, 잔디장 등을 조성할 대지를 확보하려면 이제는 장사법이 개정되어야 한다는 이야기가 크게 대두되고 있는 현실 속에서 매우 시의적절한 정책이 아닐 수 없다.

현재 장사법에 따르면 일부의 녹지지역이나 주거·상업·공업 지역, 상수원보호구역, 산림보호구역, 군사보호구역, 지자체 조례로 정하는 지역 등이 모두 묘지를 설치할 수 없도록 규제로 묶여 있는데 자연장 역시 묘지로 취급되는 만큼 장사법이 개정되지 않고서는 자연장이 가능한 공간을 확보하기 어려운 현실 속에 놓여 있었기 때문이다. 이에 정부는 장기간 안정적 운영이 가능한 범위 내에서 토지 소유 규제 등을 완화해 국·공유지의 임차를 통해 자연장지 조성을 활성화할 방침에 있다.

산림청은 2022년까지 공공 수목장림을 48곳 조성하겠다는 목표를 세웠다. 현재 수목장림은 전국적으로 국립 1곳, 공립 5곳, 사설 45곳 등 51곳에 불과하고, 특히 사설 45곳 중 26곳은 특정인만을 대상으로 개인이나 가족, 문중·중종 등이 자신들의 필요성에 맞게 사용되고 있는 만큼 수목장을 원하는 사람들의 수요에는 크게 미치지 못하는 실정에 있다.

이에 산림청이 공공 수목장림을 대폭 늘려 48곳 조성하겠다는 목표를 세운 것인데, 산림청은 현재 경기 양평의 국립 '하늘숲추모원'을 모델로 강원권, 대전·충청권, 광주·전라권, 대구·경북권 등 권역별로 국립 수목장림을 조성하고 크게 확산시키겠다는 큰 포부를 가지고 있다.

이를 위해 산림청은 수목장림 조성비의 국고보조율을 보건복지부의 장사시설과 동일하게 70%로 상향 조정하고 2017년 새롭게 발표한 '수목장림 활성화 제도개선 방안'에서는 자연장지 조성 주체의 확대 및 산림보호구역 내 장지 조성 가능 면적을 늘리는 방안도 마련했다. 구체적으로, 특수산림사업지구를 소유한 민간 기업의 수목장림 조성을 허용하는 방안과 산림보호구역 내 자연장지 조성 면적을 3만㎡에서 10만㎡로 확대하는 방안, 그리고 국유림의 대부 기간을 5년에서 15년으로 연장하는 등의 방안 등이 주요 내용이다.

● 수목장림 현황
<hr>

총 계	국유	공유	사유				
			소계	종교	법인	종중·문종	개인
51	1	5	45	16	3	20	6

〈출처: 산림청〉

　산림청의 이와 같은 정책 목표가 달성된다면 수목장에 대한 국민적 선호를 뒷받침할 뿐 아니라 친환경적 가치가 매우 크기 때문에 종전에 대두하였던 각종 사회·경제·문화적 문제가 크게 해소되는 등 우리에게 매우 긍정적인 변화를 가져다줄 것이다. 특히 국유림에 수목장림 조성이 가능해진다는 것은 앞으로 민간 회사 등의 투자가 활성화될 수 있다는 반증이 되고, 그 이용 기격도 국유림을 활용하는 만큼 종전에 비해 보다 합리적으로 운영될 수 있을 전망이다. 또한 산림청은 수목장림의 자연성을 확보하는 데에도 그 노력을 다해 보건복지부 등과 부처 간 협력을 통해 우수 수목장림 인증제도 등을 시행할 예정에 있다고 하니 앞으로의 변화와 미래가 크게 기대되고 있는 상황이다.

2장

수목장이 갖는 의미

'웰-빙(Well-being)'을 넘어 '웰-다잉(Well-dying)'으로

◆ '웰-빙(well-being)'이 만들어낸 나비효과

한 시대를 크게 풍미했던 '웰-빙' 열풍이 만든 많은 변화들이 이미 상당 부분 우리 삶에 크게 녹아들어 더 이상 새로울 것이 없다고 받아들여지게 되면서 이제 사람들의 시선은 점점 '웰-다잉'으로 향하고 있다.

사실 인간이 죽음에 대해 관심을 가졌던 것은 태초부터 있었던 일이다. 그것은 당연하게도 죽음이라는 것에 대해 인간이 가지고 있는 근원적인 의문과 두려움 때문이다. 인간은 갖가지 미신이 얽힌 장례문화를 지금도 이어가고 있고, 죽음에 대한 의문과 이슈는 늘 철학과 사상의 중심에 놓여 있는 등 인류 역사 전체를 관통해 왔다.

또, 그러한 이유로 수많은 종교들은 자기 종교마다의 내세관을 내세우며 '죽으면 어떻게 될 것이다.' 라거나 '죽으면 어디 어디에 간다.' 등의 갖가지 담론들을 펼쳐 보이곤 한다. 물론 그것은 어디까지나 죽음과 관련해 아무것도 증명된 사실은 물론 인간이 제대로 알고 있는 것 자체가 많지 않기 때문에 가능한 주장들이다.

그렇다면, 그런 가운데 최근 들어 새삼 사람들이 '웰-다잉'에 관심을 가지게 된 것은 어떠한 연유일까. 인간이 죽음에 대해 무언가 새로운 정보를 얻게 된 것도 아니고, 이미 사람들은 죽음에 대한 관심을 잃어본 적이 없기 때문에 굳이 별다르게 달라진 것이 없음에도 말이다. 이는 상황은 달라지지 않았으나, 상황을 바라보는 '인식'이 명백히 달라졌기 때문에 발생한 것이라 할 수 있다. 사람들이 죽음에 대해 가지는 아주 큰 '태도의 변화'가 일어난 것이다.

'웰-빙' 열풍의 시작은 세상이 갈수록 첨단화, 기계화되면서 인간성을 찾고자 하는 사람들이 물질적인 풍요나 성공에만 점철된 가치관을 벗어던지고 자연으로, 육체적인 건강과 정신적 건강으로, 삶의 질로 시선을 돌린 데 있었다. '웰-빙'은 산업사회 속에서 시름시름 앓던 사람들에게 오아시스와 해방구처럼 인식된 것이다. 그렇게 시작된 '웰-빙' 열풍은 유럽 등 서구사회를 거쳐 우리나라에서도 크게 만개할 수 있었다. 각종 산업화 과정을 크게 겪어 온 우리에게 '웰-빙'이 어필할 수 있는 지점이 대단히 많았기 때문이다.

따라서 '웰–빙'은 단순한 유행이나 열풍을 넘어 사회 현상이 되었고 그 결과 우리의 가치관을 크게 바꾸어 놓았다. 또, 실질적인 삶의 변화도 크게 이끌었다. 이른바 '웰–빙' 열풍 초기 건강이나 건강과 관련된 각종 식품, 운동 등에만 집중되었던 '웰–빙'은 복지나 행복, 안녕 등을 주제로 인간의 삶 전반에 대해 광범위하게 그 담론을 크게 펼치게 되었다.

가령 이전에는 구직자들만 해도 연봉이 높고 사회적인 선망의 대상이 되는 직장에 다니고 싶어 하는 사람들이 대부분이었고, 직장 안에서도 승진 등 개인의 성공을 이뤄내는 것이 삶의 주된 목표로 개인에게 기능하였다면, '웰–빙'이 휩쓸고 간 지금은 조금은 다른 양상을 보이게 된 것이다.

연봉이 조금 적다고 해도 근무시간과 퇴근 시간이 보장되어 여가를 충분히 확보할 수 있는지, 사내 문화는 평등하고 민주적이어서 소속감이나 성취감을 느끼면서도 큰 스트레스 없이 심리적 안정을 가지고 편안하게 업무에 집중할 수 있는지, 육아휴직 등 사내 복지제도는 잘 갖춰져 있는지 등 직업을 선택하는 데 있어서도 이전과는 완전히 다른 요소들이 사람들에게 크게 어필하기 시작했다.

그러한 단적인 예를 통해서도 금방 알 수 있듯 '웰-빙' 이슈의 파급은 상당해서 해당 분야에 대한 완전히 다른 시각을 제공할 수 있게 했다. 또 '웰-빙'이 가져온 사람들의 가치관 변화는 아주 광범위한 사회 분야 전반에 걸쳐 그 파장이 미치지 않은 곳이 없었다.

불과 얼마 전까지만 해도 '잘 살아보세'만을 외쳤던 사람들은 이제 '어떻게 사는 것이 잘사는 것인지', '사람답게 사는 것'은 무엇인지에 대해 아주 심도 있게 고민하고 있다. 관성적이었던 자신의 지난 삶을 돌아보고, 새로운 시각에서 미래를 새롭게 설계하고 있으며, 이는 전 연령대에 걸쳐 가감 없이 일어나고 있다.

그리고 '웰-다잉'은 이러한 문화적 토양 아래에서 새롭게 잉태된 것이다. 그래서 과거 죽음과 관련된 사람들의 생각 등과는 근본직으로 다르다. 사람들이 가지는 '죽음에 대한 태도'가 점차 '삶'과 같은 선상에서 고민되기 시작했다는 것은 매우 큰 변화다. 더 이상 죽음이 단순히 슬프고 두려운 일에 그치지 않고 잘 살아온 인생에 대한 마지막 마무리의 성격으로 인식되기 시작했다는 것이다.

때문에 그동안의 통념으로는 전혀 어울리지 않았던 '가치 있는' 죽음이라거나, '존엄한' 죽음 같은 말이 등장한 것이다. 죽음과 가치가 연결될 수 있다니, 이 변화가 새삼 놀랍지 않은가. 뭐 사실 '웰-다잉'이라는 말 자체가 직역하면 '잘 죽는 것'이라는 뜻이니 이미 말은 다한 것일까?

정리하면, 결국 사람들이 '삶'의 연장 선상에서 '죽음'을 고려하기 시작했다는 것은, 단순히 내세를 위함이 아니라 삶과 죽음이 별개가 아님을, 진정으로 '웰-다잉' 할 수 있도록 하는 것은 '웰-빙' 혹은 '웰-리빙'할 수 있는 길이 됨을 인지하기 시작했다는 것이라 할 수 있을 것이다. 우리가 어떠한 목표를 향해 열심히 노력해 가는 것처럼, '웰-다잉'이 목표가 될 수 있다는 것이다. 우리는 이제 더 이상 '삶'과 '죽음'이 별개로, 죽음이란 것이 두렵기만 하고 무서운 일만으로 통용되지 않는 세상을 살아가고 있다.

◆ '웰-다잉(well-dying)' 이 가지는 진정한 의의

'웰-다잉'과 관련해서는 사실 우리도 아주 예전부터 써 온 말이 있다. 바로 '호상(好喪)'이라는 말이다. 장수를 하고 복 있는 삶을 살아간 사람들에게 붙여줄 수 있었던 '호상'은 그런 의미에서 우리에게 시사하는 바가 크다. 물론 '웰-다잉'이 현재 대두하는 것은 '죽음'에 대한 근본적인 태도의 변화 때문이지만, 기본적으로 인류에게는 '잘 죽고 싶다'

는 욕망이 아주 오래전부터 근저에 자리하고 있었음을 '호상'을 통해 알 수 있기 때문이다.

최근 외신에 따르면 미국의 한 대학에서 개설한 '죽음학 강좌'에 수강 대기자가 넘쳐나 앞으로 3년까지의 수강예약이 모두 들어찼다고 한다. 이 죽음학 강좌에서는 공동묘지, 호스피스 병동, 화장터, 장례식장 등 우리가 '삶'과는 다소 괴리가 있는 것으로 느끼는 장소들을 돌아보고 탐구하며, 가족 등 사랑하는 사람들에게 작별 편지를 쓰거나 유언장을 만들어 본다고 한다.

또, 훗날 자신의 장례식장을 방문할 조문객들에게 전할 감사 인사말이나 장례식장에서 읽힐 추도문 등을 직접 자신이 써보는 시간도 있다고 하는데 이러한 강좌가 큰 인기를 끌게 된 것은 모두 '웰-다잉'이 이룩한 인식의 전환 아래에서 가능하게 된 것이다.

사실 위 강좌 등을 실시하는 이유는 '죽음'을 낯설지 않은 것, '삶'의 자연스러운 단계로 인식함으로써 보다 객관적으로 바라볼 수 있도록 하기 위함에 가장 큰 함의가 있다. 비슷한 부류의 강의 등을 듣고 나서 죽음에 대한 막연한 두려움이 상당 부분 해소되었다는, 수강생 등의 후일담이 그를 방증(傍證)하는데, 결국 그것은 수강생들이 죽음이 삶과 괴리된 것이 아님을 자연스럽게 받아들일 수 있게 되었다는 것을 보여준다.

어디까지나 이러한 강의가 흥행에 성공하게 된 것은 '웰-다잉'으로 말미암은 사람들의 죽음에 대한 태도와 인식의 전환으로 인해 사람들이 죽음에 대해 갖는 가치관이 근본적으로 변화했기 때문에 가능한 일이다. 예전처럼 죽음 자체가 터부시 되고, 죽음이라는 개념이 아주 두렵고 무서운 것으로만 받아들여졌다면 '죽음학 강좌'는 그냥 단지 무섭고 공포스러운 강좌에 불과하게 인식되었을 것이다.

이러한 현실을 반영해 유럽 등지에서는 죽음학 강좌 등 이외에도 죽음을 주제로 토론하는 생활 모임이나 그를 테마로 한 가게들도 늘고 있다. '죽음 살롱', '죽음 카페'와 같은 것들인데, 이들의 이름만 듣고는 자칫 오해를 할 수 있지만 '죽음'을 일상으로 가져와 대화의 소재로 삼기는 해도 이들은 모두 자살을 위한 모임 등이 아니다. 사실 오히려 이 과정에서 종전에는 전혀 예상치 않았던 사람들의 반응이 주목해야 할 지점이 된다.

사람들은 아이러니하게도 죽음에 대한 이야기를 나누는 과정에서 '삶에 대한 의지'를 느낄 수 있게 된다고 한다. 놀랍지 않은가. 그리고 이 때문에 선진국 등 외국의 경우는 물론 최근에는 우리나라에서도 '죽음'에 대한 각종 교육이나 체험행사 등은 노인세대에 국한되어 이뤄지지 않는다.

오히려 청소년 때부터 이러한 교육 등을 행하는 것이 추세가 되고 있다. 사실 미국에서는 1960년대에 들어 처음 죽음에 대한 교육이 학교 교육 현장에 도입되었고, 유럽에서도 독일이나 스웨덴 등을 중심으로 1970년대부터 해당 교육이 이뤄지고 있다.

아시아에서도 이웃 나라 일본의 경우 1986년, 이 분야에 중요한 족적을 남긴 독일의 학자 알폰스 데켄의 〈죽음준비교육〉이 출간되어 인기를 끈 이래 죽음 교육이 꾸준히 실시되고 있다.

또, 우리나라의 경우에는 2000년대 들어 이러한 교육이 실시되기 시작하였는데 먼저 서울대 의대와 한동대 등에 죽음학 강좌가 개설되기도 하였으며, 한림대에는 2004년 '생사학 연구소'가 설립되었고, 각종 지자체의 문화센터 등에서도 '죽음학'에 대한 강좌가 선을 보인 지 오래다.

그 밖에도 우리나라에서는 여러 복지재단이나 종교기관, 민간업체 등이 '웰-다잉' 체험을 위한 다양한 교육 프로그램을 운영하고 있다. 임종체험 등이 대표적인데, 임종체험은 미국의 의학박사이자 심리학자인 레이먼드 무디 박사의 연구에 학문적 토대를 둔 것이다. 무디 박사는 1960년대 임사체험을 겪은 108명을 대상으로 그들의 임사 이전과 그 이후의 삶에 대한 연구를 진행해 여러 연구 성과를 만들어냈다. 가장 주목할 만한 것은 임사체험을 겪은 사람들이 임사체험 이후 그 이전과는 전혀 다른 삶을 살아가는 경우가 많았다는 데 있었다. 그들이 삶을 대하는 태도나 자세에 있어 완전히 드라마틱한 변화가 일어난 것이다.

결국, 그 연구 결과 도출된 임종 프로그램 등이 던지는 메시지는 지금 우리가 이야기하는 '웰–다잉'이 던지는 화두와 크게 닮아 있다. 영정사진 촬영이나 유언장 작성, 입관 등의 경험을 단지 체험만 해볼 뿐 아니라 실제적으로 받아들일 수 있도록 하기 위해 세밀한 프로그램을 진행하게 되면서 현재 살아가는 자신의 삶의 소중함을 보다 진지하게 깨닫고 성찰하게 되며 죽음이 나와 전혀 동떨어진 것이 아님을 새삼 깨닫게 되는 소중한 기회를 가질 수 있게 되는 것이다. '웰–다잉'이 지금 시점에서 우리에게 큰 의미를 가지는 이유는 바로 그 지점에 있다.

◆ '웰–다잉(well–dying)'의 조건

지금까지 우리는 '웰–다잉'이 지금 시점에 크게 각광받는 이유와 그의의에 대해 각각 알아볼 수 있었다. 그렇다면, 구체적으로 '웰–다잉'은 무엇을 뜻하며, '웰-다잉'의 조건에는 어떤 것들이 있을까.

– 신체적 조건

'웰-다잉'을 논할 때 무엇보다 가장 먼저 떠오르는 조건 중 하나는 '신체'의 건강이라 할 수 있을 것이다. 가장 기초적인 '웰-빙'에 해당하는 것, 건강관리를 이뤄내는 것은 '웰-다잉'의 시발점 중의 시발점이다. 1장에서 살펴보았듯 우리의 기대수명이 꽤 늘어나 100세 시대를 이미 열었지만, 100세를 산다는 것 자체가 중요한 것이 아니라 100세를 살되 어떠한 건강상태로 살아갈 수 있는지가 중요한 것임을 우리는 너무나 잘 알고 있다.

– 정신적 조건

또한, 건강관리에 있어서는 단지 육체적인 긴강뿐 아니라 징신적인 건강에 있어서도 중요하게 살펴야 한다. 또 육체적인 건강과 정신적인 건강은 서로 간의 긴밀한 고리로 구성되어 있어 한쪽이 무너지게 되면 다른 한쪽이 쉽게 따라 무너질 수 있는 조건이 만들어지기 때문에 더욱 그러하다고 할 수 있다. 따라서 젊었을 때부터 건강을 심도 있게 관리해야 할 뿐만 아니라 특히 노년기에는 '삶의 질'을 영위할 수 있는 수준을 유지하기 위해 육체적, 정신적인 케어를 지속적으로 할 수 있어야 한다.

– 금전적 조건

'웰–다잉'의 가장 기초적인 조건이 신체와 정신의 건강에 대한 것이었다면 다음으로는 자기 삶의 수준을 일정 정도 이상 담보할 수 있게 해 주는 물질적인 문제와 함께, 사회적 측면을 함께 고려해볼 수 있다. 이 두 조건은 모두 우리의 '삶의 질'에 지대한 영향을 미치는 것들이다. 먼저 물질적인 측면을 살펴보도록 하자. 현대사회를 살아가면서 어디까지나 '삶의 질' 유지를 위한 기본적인 재력은 갖출 수 있어야 '웰–다잉'도 이뤄낼 수 있다는 데에는 부인할 사람이 많지 않을 것이다.

종교적인 관점에서 '무소유' 등을 이야기하며 물질을 멀리하고 마음을 비워낼 수 있도록 하는 것이 때로는 의미가 있지만 그럼에도 불구하고 병에 걸리게 되는 경우 그 치료비를 자신의 재력으로 최소한의 정도 이상 커버할 수 없는 지경이라고 한다면 그도 소용없는 허상에 불과할 것이다. 따라서 그 구체적인 수준은 개개인마다 다르지만 자기 삶의 궤적에 비추어볼 때 자신이 자기 한 몸 이상은 책임질 수 있는 수준의 재력이 '웰–다잉'의 조건이 된다고 할 수 있을 것이다.

– 사회적 조건

다음으로, 사회적인 이슈는 현대사회에서 '웰–다잉'을 위해 대단히 중요하게 고려되어야 하는 이슈 중 하나다. 최근 들어 특히 사회문제로 대두하기까지 하는 이 측면은 노년에 있어 실제적인 삶의 질에 매우 큰 영향을 미친다. 은퇴 이후 여러 가지 이유들로 인해 하나둘 청산을 거치며 폭이 대폭 줄어들게 되는 노년층의 인간관계는 특히나 가족이나 배우자, 형제자매, 친구 등 가까운 관계의 사람들이 먼저 세상을 떠나는 등의 여러 가지 이유로 자신에게서 떨어져 나갈 때 가장 심대한 타격을 입게 된다.

따라서 노년층의 사회적 측면에 대한 아낌없는 관심 또한 지속적으로 행해져야 한다는 점을 우리 모두가 유념해야 한다. 이에 대해서는 노년층 자신뿐만 아니라 자녀세대 등도 함께 살필 수 있어야 한다. 우리가 물질적인 부분에 대해서는 많은 부분 신경을 쓰게 되는 반면 이 부분에 대한 관심은 다소 소홀해질 여지가 많으니 특히 주의할 수 있도록 하자.

– 심리적 조건

마지막으로 최근 들어 가장 중요하게 이야기되고 있는 '웰–다잉'의 조건은 바로 '심리적' 측면에 대한 것이다. '웰–다잉'에 있어서 심리적 측면에 대한 이야기를 꺼내면 다소 의아함을 보이는 사람들이 있다. 신체적 이슈를 이야기했을 때 정신적인 건강을 얘기했던 것과 무슨 차이가 있느냐는 것이다. 물론 언뜻 생각하면 그럴 수 있다. 그러나 그와 명징한 차이가 있는 까닭은 주로 정신건강의 병적인 측면을 대상으로 했던 신체적 이슈와는 달리 심리적인 이슈의 경우는 주로 자신의 삶에 대한 만족이나 의미부여 등 가치판단의 영역에 주안점을 둔 '웰–다잉'의 조건이기 때문이다.

자신이 살아온 삶의 궤적을 돌아보면서 삶에 만족할 수 있는지, 여러 가지 이루고자 했던 것들을 달성해 내어 성취감을 충분히 느꼈는지 등의 조건에 따라 그렇지 못한 경우는 공허함과 초조함, 각종 불안 등을 나타낼 수 있다.

그 때문에 '웰–다잉'의 심리적인 측면은 종교적인 영역과도 연결이 되고, 자원봉사 등을 통해 자신이 만족스러운 일 등을 하였는지, 혹은 이루고 싶었던 버킷리스트의 내용들은 만족스러울 만큼 달성하였는지, 자신이 크게 잘못을 해 마음의 빚을 진 사람은 없는지 등 자신의 인생의 평가요소가 될 수 있는 많은 부분과 연결이 된다.

그리고 심리적인 측면에서의 조건의 경우 이처럼 다양한 측면에 있어 광범위한 영역에 걸쳐 논의될 수 있기 때문에 최근 들어 '웰–다잉'의 핵심적인 요소 중 하나로 크게 각광받게 된 것이라 할 수 있다.

또한 심리적인 측면과 관련해 이 책의 주제와 관련해 우리가 가장 주목해서 보아야 할 지점이 있다. 바로 '장례계획'이 심리적인 측면에 있어 '웰–다잉'에 생각 이상의 영향을 미친다는 것이다. 사람들은 자신의 사(死)후 미래의 장례 방법이나 절차 등이 잘 마련되어있고, 특히 그 장례계획이 자신의 꿈과 이상에 들어맞을 때 큰 만족을 얻게 된다. 그러한 이유로 최근 들어 자신의 장례를 준비하는 것은 '웰–다잉'의 매우 중요한 요건 중 하나가 되었다.

이를 위해 상조보험이나 상조 서비스 등에 미리 가입하거나 연명치료 여부 등에 대한 의사 표시를 미리 해두기 위해 사전의료의향서를 작성하기도 한다. 그와 더불어 자신의 사(死)후를 실질적으로 기획하기도 한다.

◆ '웰–다잉(well-dying)'을 통해 변화하고 있는 장례문화

'웰–다잉'의 조건이 되었던 신체적인 측면과 물질적, 그리고 사회적인 측면에 더해 최근 들어 가장 중요시되고 있는 '심리적' 측면에 있어 아주 중요한 요소 중 하나로 논의되고 있는 것이 자신의 '장례계획'을 세워두는 일임을 살펴보았다. 그렇다면, 실제적으로 '웰–다잉'을 통해 변화되고 있는 장례문화는 어떤 것들이 있을까.

먼저 살펴볼 것은 자신의 '장례식'을 새롭게 기획하는 사람들이 우후죽순 늘어나고 있다는 것이다. 장례계획에 있어 장례식이 주목받는 이유는 마지막 세레모니로서의 장례식이 망자의 죽음에 대한 전반적인 분위기를 좌우하며, 망자를 추억하고 망자와 함께한 수많은 감정들을 정리할 수 있는 총아로서 기능하는 중요한 의식의 가치를 지니기 때문이다. 따라서 세계 곳곳에서 '웰-다잉'을 실천하고자 하는 많은 사람들이 장례식에 많은 공을 들이고 있는 것이다.

– 일본

특히 2040년에는 사망자 수가 출생자 수의 2.5배에 이를 것으로 추산되고 2060년에는 65세 이상 인구가 인구 전체의 40%에 해당할 것으로 예상되는 등 초고령화 사회에 우리보다 먼저 진입한 일본은 장례식이 하나의 산업적 규모를 이루어 발전하고 있을 정도로 그 활동 영역을 넓혀가고 있다. 일본에서는 생의 마지막을 준비하는 활동을 '슈카츠(しゅうかつ- 終活)'라고 하는데 이러한 임종 준비 활동에 관련한 각종 자격증이 만들어지고 이와 관련된 직업군이 계속해서 새로이 늘어나고 있을 뿐 아니라 각종 세미나, 행사, 강의 등은 물론 관련 상품의 개발 및 판매, 영화나 소설 등의 문화상품이 제작되는 등 기존 산업 전반에 걸쳐서도 슈카츠를 주제로 한 많은 활동이 붐을 이루고 있다.

그리고 그 과정에서 지금까지 우리가 상상하지 못했던 수많은 장례 문화들이 속속들이 새롭게 등장하고 있다. 예를 들어, 일본에서는 대표적으로 '엔딩 노트'가 베스트셀러이자 스테디셀러로 지난 2004년부터 절찬리에 판매되었는데, '엔딩 노트'는 자기 자신의 장례식을 어떻게 진행할 것인지, 납골 방법 등은 어떻게 할 것인지, 재산의 현황은 어떻게 되며 분배는 어떻게 할 것인지 등을 종합적으로 기록할 수 있는 노트이다. 이 노트가 크게 유행하면서 이와 비슷한 노트들도 새로이 등장하였는데, 엔딩 노트가 노년층을 주된 타깃 대상으로 삼았던 데에 착안해 그를 응용한 '만일의 시기에 도움이 되는 노트' 등은 전 연령대의 사람들이 혹시 모를 불상사에 대비해 자신의 마무리를 준비할 수 있도록 한 노트로 새롭게 출시되어 인기를 끌고 있다.

또, 이색 장례식들도 여러 형태로 등장하고 있는데 그중 가장 인기가 있는 것은 '음악장'으로 음악장은 고인이 생전에 좋아했던 음악들이나 자신의 장례식에서 연주되었으면 히는 음악들을 연주자들을 동원해 라이브로 연주하며 장례행사를 진행하는 것을 말한다. 따라서, 음악장은 고인을 추모하고 고인의 마지막에 작별을 고하는 작은 음악회의 성격을 띠게 된다. 이에는 고인의 취향이 크게 반영되어 피아노와 바이올린, 하프 등의 클래식 악기 등에 더해 드럼, 전자기타 다소 이색적인 악기가 활용되기도 한다.

그리고, 일반적으로 고인의 임종 후 열리는 장례식의 특성상 주인공인 고인이 참석할 수 없다는 점을 안타깝게 여겨 '생전 장례식'을 여는 경우도 종종 있는데 이는 정말이지 과거에 '죽음'에 대해 우리가 가지고 있었던 이미지를 완전히 탈피했기에 가능한 일이라 할 수 있을 것이다. 예전이라면 아직 죽지도 않았는데 괜히 재수 없게 자신의 장례식을 연다며 노발대발하는 사람들이 대부분이었을 것이며 혹여 생전 장례식이 진행된다고 해도 그에 참여하는 사람들 또한 그 일이 매우 어색하고 꺼림칙한 것으로 받아들여졌을 텐데 말이다.

이 밖에도 일본의 고급 연회 요리인 가이세키 요리 등이 제공되는 '호화 장례식'이나 각종 공연 등이 동반된 '드라마틱 장례', 우리의 돌잔치나 고희연 등처럼 전문 MC가 행사를 진행하며 고인을 추억하는 각종 코너를 마련해 진행하는 '감동 장례', 장례식에 참석하지 못하는 사람들이 온라인 화상통화 등을 통해 장례식에 참여할 수 있도록 하는 '온라인 장례' 등 일본에서는 기존의 형식을 완전히 파괴한 각종 장례식이 등장하고 있다.

– 미국이나 유럽 등지

그렇다면 일본이 아닌 다른 나라들은 어떨까. 일단 미국이나 유럽 등지에서도 장례문화를 특별하게 기획하고자 하는 시도들이 크게 늘고 있다. 또한, 그에 대한 관심이 높아지는 것을 빠르게 캐치해 그러한 수요를 노리기 위해 등장한 새로운 사업들이 크게 흥하고 있는데, 미국의 '우주장'과 스위스의 '메모리얼 다이아몬드'가 대표적이다.

먼저 '우주장'은 인간이라는 존재가 우주에서 기인했기에 죽어서 다시 자신의 고향으로 돌아가자는 의미에서 시작되어 화장한 유해의 일부를 담은 기구 등을 로켓 등을 통해 성층권 밖으로 쏘아 올려 폭발하도록 하는 장례법이다. 그리고, 메모리얼 다이아몬드는 화장된 유골에서 탄소를 추출해 그를 통해 다이아몬드를 만들어 유족 등이 간직하도록 하는 것으로 이를 만든 '알고르단자'는 현재 우리나라를 비롯해 36개국에 진출해 있다.

– 국내 이색 장례 현주소

국내의 경우는 아직 이색 장례식 등이 크게 활성화되지는 않았지만 '웰–다잉' 문화가 확산되고 일본과 같이 고령화 사회로 빠르게 진입하고 있는 현실을 반영한다면 머지않아 우리도 우리만의 특별하고 개성 있는 마지막 세레모니를 목격할 수 있을 전망이다.

물론 그러한 움직임은 이미 시작되었다고 할 수 있다. 우리의 경우도 예를 들어 발인 이후 화장장으로 가는 운구 버스 내의 TV나 스크린으로 동영상 등을 재생하는 형식을 통해 고인이 생전 미리 작성해 둔 조문객들에 대한 인사말을 전하는 경우나 모 가수의 장례식에서 그가 생전에 불렀던 노래를 뮤직비디오 형식으로 재생하고, 전체 장례 절차의 진행에서 배경 음악으로 활용하는 등의 경우가 바로 그러한 예라 할 수 있다.

이처럼 고인이 생전 기획한 여러 가지 장례식 등 새로운 장례문화는 엄숙주의로 점철되어 있던 우리의 장례문화에 새로운 활력과 생동감을 주게 될 것이다. 뿐만 아니라 우리의 경우에는 그 자체가 가지는 가치가 더욱 크다고 할 수 있는데, 그 이유는 우리가 그동안 다소 허례허식이 존재하는 장례문화를 이어 왔기 때문이다.

자녀세대 등 유족이 도맡아 장례식을 치르게 되면 아무래도 고인에 대한 마음을 담아 조금이라도 더 좋은 장례절차를 선호하게 되기 마련이다. 또, 사실 이미 우리나라 대부분의 장례식장이나 상조회사 등도 그를 노려 자녀세대를 주 마케팅 대상으로 삼아 왔으니 그 문제는 계속해 발생할 수밖에 없었다.

그러나 고인이 생전 직접 기획하는 자신의 장례문화가 활성화되면 오랫동안 그에 단단히 얽혀있던 그와 같은 고리에서는 충분히 벗어날 수 있게 될 것이다. 우리나라의 연예인 등 일부에서 '스몰 웨딩' 바람이 불었던 것처럼 일본에서는 이미 '스몰 장례식'도 유행하고 있는데 그를 가능케 한 주된 요인이 바로 고인이 생전 직접 자신의 장례식 등을 기획하게 된 변화에 의한 것이다.

따라서 앞으로 우리에게 있어 고인이 직접 기획하는 장례문화가 확산된다면 우리의 장례문화도 아주 다양한 모습으로 발현될 수 있을 뿐만 아니라 이는 장례식은 엄숙해야 하며, 어느 정도 정형화된 모습을 가져야 한다는 강박에서 벗어나 장례문화에 대한 인식 자체를 바꿀 수 있는 중대한 계기로 자리매김할 수 있게 될 것이다.

세계적으로 불고 있는
수목장 바람

◆ '웰-다잉' 붐과 함께 등장한 수목장 선호 바람

현대적인 방식의 수목장이 처음 창안된 곳은 바로 '스위스'다. 스위스인 '윌리 자우터'가 사망한 친구를 화장한 뒤 그를 나무 밑에 묻었던 것이 시초인데, 이후 이에 대한 조문객들의 반응이 좋자 자우터 씨는 '프리드발트'라는 회사를 설립하고 스위스를 포함한 유럽 등지에서 '프리드발트'라는 상표를 단 수목장림을 조성하고 관리하는 일을 시작했다.

스위스에서 이와 같은 새로운 장례문화가 촉발된 이후, 수목장림 바람은 독일을 거쳐 전 유럽으로, 그리고 우리나라와 일본 등 아시아에까지 그 영향력을 크게 넓히고 있다.

사람들이 이토록 수목장에 대해 크게 관심을 가지는 이유가 무엇일까.

장례문화를 바꾸는 일은 말 그대로 '문화'의 변화가 수반되어야 하는 일인데, 문화는 그를 향유하고 살아가는 사람들의 의식구조의 변화 없이는 바뀌지 않는다. 따라서 '웰−다잉'의 바람을 제하고는 이야기가 되지 않을 것이다.

특히 유럽 등지에는 가톨릭을 기반으로 한 문화 양식이 많아 수목장림에 대해서도 종교적인 이유 혹은 지식인 계층에서 이에 반대여론이 상당한 수준으로 존재해왔다. 그렇기 때문에 수목장림의 등장과 성황은 더욱 주목해 볼 만한 변화다. 고착화 되어 존재했던 주류문화가 해체된다는 것은 중량감 있는 저변의 인식변화를 방증한다.

그 중심에서 '웰−다잉' 붐이 어떠한 영향을 끼쳤는지 살펴볼 수 있도록 하자. 먼저 '심리적 측면'에서 수목장림 등 자연장이 어떠한 의미를 가지는지를 살펴보면 그 해답에 대해 조금 더 가까워진다.

상상해 보자. 어느 정도 크게 남에게 피해 주지 않고, 봉사활동도 더러 하면서 가족들 잘 건사하며 이루고 싶은 것들도 조금씩 이루고 생을 마감하려고 하는 사람이 있다고 할 때, 그 사람이 지금 시점에서 가장 크게 꿈꾸는 생의 마무리의 모습은 어떠할까. 그리고 또 그 사람은 후손들이 자신을 어떻게 추억하며 세상을 살아가길 바랄까.

새소리가 울려 퍼지고 나비가 날아다니며 울창한 나무숲 사이 밝은 햇살이 자리하는 곳, 후손들이 자주 찾아올 수 있고, 찾아올 때에도 기쁜 마음으로 찾아와 숲을 즐기고 놀다 가는 마음으로 편하게 즐기다 갈 수 있는 곳, 그런 곳이라면 어떨까. 사실 그러한 곳이라면 그곳은 후손들뿐만 아니라 자기 자신이 있고 싶은 곳이기도 할 것이다.

많은 이들이 수목장에 대한 선호도가 높아지고 있는 이유는 바로 이러한 욕망에 있다고 할 수 있다.

그렇다면 우리나라의 경우 수목장이 선호되고 있는 것은 어떠한 요인에 의한 것일까. 먼저 '웰-다잉'이라는 단어의 등장으로 많은 이들에게 인생의 '마무리'에 대한 생각이 촉발되는 계기가 마련되었다는 것이 중요하다. 그동안은 자신의 인생 마무리에 대해 어느 정도 획일화된 모범답안만이 모두에게 있었고, 그 때문에 많은 이들이 그와 관련해서는 별다른 생각을 가지지 않았다. 또한, '죽음'을 이야기하는 것이 재수가 없다거나 하는 이유로 터부시 되어 엄숙하게만 다뤄졌는데 이러한 사회에서 자신만 독특한 생의 마무리를 시도하는 것 자체가 매우 어려운 일이었다는 점을 우리는 부인할 수 없다.

그러나 '웰-다잉' 붐이 등장한 이후, 우리는 인생을 마무리하는 다양한 요소를 고민하게 되었고, 차츰 그 고민의 영역은 범위를 넓혀가며 장례식으로, 자신의 장례법 등으로 크게 펼쳐질 수 있었다. 그리고 그 고민의 중심에는 '어떻게 하는 것이 인생의 마무리를 잘하는 것일까, 나에게도 후손들에게도, 그리고 이 지구와 자연에게도 어떤 것이 가장 아름다운 마무리일까'에 대한 부분이 핵심적으로 고려되고 있는 것이다.

그리고 그 과정에서 단연 돋보일 수밖에 없는 것이 바로 '수목장'이다.

수목장이 선호되는 장례법의 지위를 얻은 것은 수목장이 가지고 있는 내재가치가 '웰-다잉'이 주창하는 여러 가치들과 많은 부분 맞닿아 있기 때문이다. 먼저, '웰-다잉'을 꿈꾸는 사람이라면, 자신이 후손들 혹은 다른 사람들에게 피해를 주는 일을 하고 싶을까? 물론 그렇지 않을 것이다.

그 때문에 '웰-다잉'을 꿈꾸는 사람들은 '매장'으로 말미암아 문제가 되고 있는 각종 국토 황폐화나, 접근성 문제 등 각종 사회비용에 대한 부정적인 시선을 극복할만한 대안을 찾고자 했다. 그 과정에서 자연친화적이고, 국토를 황폐화하지도 않으며, 봉분을 높게 만들어 이곳에 사람이 묻혀있음을 증명할 필요도 없고, 명절 등에만 찾아오는 공간이 아닌 자연 자체의 공간 '수목장림'은 아주 매력적인 대안이었다.

게다가 우리나라의 경우 앞서 살펴보았듯 고령화로 접어드는 속도가 매우 빨라 인구구조의 변화가 크게 예견되고 있으며, 망자 수가 급증해 매장과 관련된 각종 사회적 비용이 매우 크게 증가하는 현실에 있다 보니 '수목장'이 가지는 매력은 더욱 크게 회자된다.

또 수목장림은 도시와 아주 멀리 떨어져 있어 융화되지 못하고 다소 흉물스럽게 묘지들이 늘어서 있는 '공동묘지'나 접근성이 떨어지는 고향의 선산과는 달리 비교적 접근성이 뛰어나고, 무엇보다 가고 싶은 곳 아닌가. 평소에도 많은 사람들이 나들이나 소풍 장소, 혹은 데이트 코스로 '수목원' 등을 찾는데 후손들이 자신을 추억하러 오는 곳이 푸른 수목원과 다를 바 없다면 지금 현재 제시된 선택지 가운데 이보다 좋은 답안은 없다.

바로 그러한 이유들 때문에 '수목장'이 '웰-다잉' 붐에 의해 급속도로 많은 사람들의 마음을 사로잡고 있는 것이다. 묫자리를 마련해 두려던 사람들의 시선이 수목장으로 쏠리는 이유다. 따라서 지금 우리에게는 이러한 사람들의 변화된 마음을 현실화시킬 수 있도록 현실이 이상을 반영할 수 있는 실질적 조치들이 요구된다고 할 수 있다.

정부의 정책적 목표가 그에 맞춰져 있어 환영할 만한 일인데, 하루 빨리 많은 수목장림들이 조성되어 더 이상 '삶'과 '죽음'이 묘지라는 경계로 분리되지 않고, '자연'이라는 이름으로 하나 되어 우리의 밝은 삶 속에 함께 자리할 수 있게 되길 소망해 본다.

◆ 국가별로 모습을 달리하는 수목장

　수목장림이 처음 만들어진 스위스를 비롯해 많은 국가들이 수목장에 대한 관심이 높아지면서 수목장림을 많이 도입하고 있다. 그리고 물론 그 수목장림의 모습과 세부적인 형태 등은 나라별로 차이를 보이고 있다. 각 국가가 처한 상황 및 조건들에 의해 그 양태는 다소 다른 모습을 띠는 것이다.

　우리는 그 각각의 모습에 대해 잘 살펴볼 필요성이 있다. 우리나라의 수목장 등이 앞으로 큰 도약을 준비 중인 시점에 있으니 시행착오의 가능성을 미리 방지할 수도 있고, 그를 사용할 우리들의 입장에서는 각기 다른 수목장림의 모습을 살펴보면서 자신이 꿈꾸는 수목장림의 모습을 보다 구체적으로 그려볼 수 있는 계기가 될 수 있기 때문이다.

– 스위스

그렇다면 먼저, 가장 처음 수목장림이 만들어진 스위스의 수목장림부터 살펴보도록 하자. 자우터가 처음 수목장을 만들었던 곳은 독일과 스위스의 접경지역에 위치한 인구 600여 명 정도가 사는 마을 '마메른'이었다.

마메른과 관련해서는 뒤에서 조금 더 자세히 살펴볼 예정인데, 작은 마을 숲 속에 수목장림을 만들었던 것처럼 스위스의 수목장림들은 모두 그와 비슷한 모습을 보이는 특징을 가지고 있다.

물론 스위스도 수목장림을 숲으로만 조성하는 것이 아니라 호수가 있는 곳에 아름다운 정원처럼 꾸미기도 하고, 어린나무나 잡목 등으로만 조성된 동산을 활용하기도 하지만 일단 가장 대중적이고 대표적인 모델은 숲을 수목장림으로 꾸미는 것이다.

먼저 스위스의 수목장림의 규모는 2~3헥타르로 1헥타르가 3,000평 정도 된다는 것을 감안하면 매우 작은 규모임을 알 수 있다. 또, 활용하는 나무의 수종은 참나무나 단풍나무, 물푸레나무, 가문비나무등 다양하게 활용되며, 그 크기도 2m가 되지 않는 나무에서부터 20m 이상의 큰 나무까지 다양하게 활용되고 있다. 따라서 천편일률적인 나무들이 줄지어 서 있는 모습이 아니기 때문에, 보통의 숲과 큰 차별성을 보이지 않는다.

　자연 그대로를 최대한 보존해 전혀 괴리감이 들지 않도록 하는 것인
데, 그와 같은 정신은 추모목에 표시된 표식이나 매장법 등에도 이어
져 있다. 이 나무가 추모목인지를 알아볼 수 있는 표식은 직경 5cm 정
도의 페인트로 그린 기호가 전부이다. 또, 유골을 묻을 때에도 별도 유
골함을 사용하지 않고 분골한 유골을 해당 나무 아래 30cm 지점에
묻도록 해 자연 그대로의 모습을 더욱 돋보이게 하고 있다. 때문에 특
별히 이곳이 수목장림이라는 인상을 받기 힘들고, 누가 보더라도 그곳
은 그냥 자연의 숲과 별반 다를 것이 없어 보이게 된다. 그러한 점으로
인해 스위스의 수목장림은 특별한 반대에 봉착하지 않고 성행 중이다.

─ 독일

　다음으로, 스위스에서 수목장을 들여왔지만 오히려 스위스보다 한
단계 높은 수준으로 수목장을 발전시켜 나가고 있는 독일을 살펴보도
록 하자. 스위스와 접경한 독일은 스위스와 마찬가지로 숲을 사랑하는
국가 중 하나다. 때문에 수목장림에 대한 선호가 스위스와 마찬가지로
크게 붐을 이루어 발전하게 되었는데, 오히려 그 속도는 더욱 빠르다.
일단 규모부터 살펴보면 독일은 스위스에 비해 수십 배의 규모로 수목
장림을 운영하고 있다. 큰 곳은 100헥타르가 넘는다고 하니 2~3헥타
르로 수목장림을 조성했던 스위스에 비해 어마어마한 규모가 아닐 수

없다.

그리고 그 크기 때문에 보다 체계적인 관리프로세스를 만들어 운영해 가고 있는데, 예를 들어 GPS를 활용해 추모목의 위치를 보다 상세히 확인할 수 있도록 하는 것이 대표적이며, 스위스와는 달리 독일은 안내판을 설치하거나 화장실, 주차장을 설치하고 산책로를 정비하는 등 조문객이나 가족들을 위한 편의에도 만전을 기하고 있다. 또, 분골을 그대로 묻었던 스위스와는 달리 옥수수와 밀 등을 사용해 땅에 묻히게 되면 얼마 지나지 않아 토양에 분해되어 흡수되는 유골함을 만들어 사용하고 있다. 이 때문에 스위스에 비해 오히려 어느 정도의 격식을 갖추었다는 평가다.

추모목의 경우는 스위스와 별반 다르지 않게 참나무, 너도밤나무, 가문비나무 등 다양한 수종이 활용되며 그 크기는 직경 50cm 이상, 30m가 넘는 높이의 장령목이 주로 활용되지만, 그보다 작은 나무들도 다양하게 활용되고 있다. 또, 가족이나 친지 등이 공동으로 추모목을 활용할 수 있도록 해, 10명까지 하나의 추모목에 묻힐 수도 있다.

그리고 주목해 보아야 할 점은 독일의 경우 담벼락이나 철망, 조형물, 포장도로 등을 설치하지 못하게 하고 있으며, 잔디밭 등을 통해 공원 등으로 꾸미는 것도 금지하고 있다는 점이다. 따라서 실질적으로 출

입구도 만들어져 있지 않은데, 그와 같은 정신은 스위스와 같이 수목장림을 자연과 괴리된 곳으로 만들지 않기 위함이다. 최소한의 표식 등 이외에는 보통의 숲과 다르지 않게 조성해 자연 그대로를 보존하려는 것인데, 이는 크게 본받을 만하다.

독일이 스위스보다 큰 규모로 수목장림을 조성할 수 있게 된 이유는 국가가 직접 수목장 조성 사업 등에 참여했기 때문이다. 국내에서는 '제2차 장사시설 수급 종합계획(안)'을 통해 국유림 등을 자연장지로 조성할 수 있도록 규제를 개선하겠다는 방안을 밝힌 바가 있는데, 국유림 등에 수목장림을 조성하고자 한다면, 독일의 경우를 잘 벤치마킹할 필요가 있다. 자연 그대로의 모습을 최대한 보존하려는 진정한 '웰–다잉' 정신을 고려한다면 독일 사례는 우리 입장에서는 상당히 참고할 만하다.

– 영국과 프랑스

그렇다면, 도시와 도시 인근 지역에 수목장림이 활용되는 경우의 예는 없을까? 바로 영국이 있다. 영국의 경우는 기존에 조성되어 있는 공원묘지를 활용해 수목장, 자연장을 하고 있다. 런던 동부에 위치한 City of London Cemetery and Crematorium 등이 대표적인데, 기존 묘역 내에 있는 장령목 등을 추모목으로 설정하고 그에 유골을 묻거나, 분골을 묻은 후 그 위에 관목, 혹은 작은 묘목 등을 심는 방식, 혹은 분골을 묻은 후 그 위에 예를 들어 할미꽃, 봄맞이꽃, 제비꽃, 애기 똥풀 등 초본식물을 심는 방식 등이 활용된다. 또, 영국인들이 좋아하는 꽃을 활용해 장미정원 등을 꾸미며 그에 산골하는 방식 등을 활용하기도 하는데, 이처럼 영국의 경우는 특별한 수목장림을 조성하지 않고도 접근성 좋은 도시에 자연장을 활용하고 있는 만큼 이도 주목해 볼 만하다.

프랑스의 경우도 영국과 마찬가지로 특별하게 수목장림을 조성하지 않고 기존의 공원묘지 등을 활용하고 있는데, 예를 들어 공원묘지 내에 '추억의 정원'이라고 불리는 'Jardin de Souvenir' 등을 조성해 둔 것이 대표적인 예다. 추억의 정원은 집단으로 산골할 수 있도록 한 장소로, 그곳에는 잔디밭이 조성되기도 하고, 때에 따라 나무들을 심어 두기도 한다. 예를 들어 파리 외곽의 'Pere-La Chaise' 묘지의 산골장소에는 잔디 정원이 조성되어 있으며, 마찬가지로 파리 외곽의 'Ensemble Funéraire de Joncherolles' 공원묘지에는 잔디는 물론 미루나무 수십 그루를 심어 추억의 정원을 만들어 놓고 있다.

－ 스웨덴

이 밖에도 스웨덴의 경우는 지금까지 살펴본 많은 요소들이 혼합되어 있어 상당히 독특한데, 일단 스웨덴은 프랑스처럼 집단으로 산골할 수 있는 '회상의 숲'이라고 불리는 'Minneslund'를 통해 수목장을 실시한다.

그런데 프랑스와 달리 독일이나 스위스의 경우처럼 '회상의 숲'은 공원묘지 등에 있는 경우가 많기는 하지만 대부분 '숲'의 형태로 조성되어 있다. 스웨덴의 수도인 스톡홀름에만 해도 10개의 시립묘지 가운데 8개소에 이러한 '회상의 숲'이 조성되어 활용되고 있다.

추가적으로 독특한 것은 이 '회상의 숲'은 익명성의 공간이라는 점이다. 유골을 산골할 때 유족들은 일체 이 '회상의 숲'에 들어가지 못하며 해당 숲을 관리하는 직원들이 직접 산골하는 방식을 취해서 유족들이 어느 곳에 유골이 산골 되었는지를 알지 못하게 할 뿐 아니라 그와 관련된 어떠한 표식도 남기지 않는다. 따라서 자연 그대로인 곳으로 보존하려는 모습은 스위스나 독일의 경우보다도 더욱 강하다고 할 수 있다.

– 일본

일본의 경우는 먼저 불교사찰 등이나 공원묘지 내, 수목장을 위해 만든 공원묘지 등 다양한 형태로 수목장이 이뤄지고 있다. 크게는 산림 지역에 조성되는 경우와 도심형 공원묘지로 만들어지는 경우로 나누어 볼 수 있다. 또, 해당 장소가 가지는 특수성에 따라 표식에 관한 부분은 목판이나 석판을 활용하기도 하는 등 다양하게 이뤄지고 있기 때문에 통일된 특성을 가지고 있지는 않다.

다만, 유럽 등지의 경우의 수목장 형태와 근본적인 차이를 보이는 지점이 있다. 바로, 일본의 경우는 기존에 존재하는 숲을 활용하거나 나무를 활용하기보다는 새롭게 나무를 심는 방식을 선호한다는 데 있다. 또한, 추모목의 수종으로 교목류가 아닌 화목류나 관목류, 잔디 등과 같은 유럽에 비해 보다 작은 식생들이 활용된다는 점도 큰 차이라 할 수 있다.

이는 유럽 등지처럼 특정 추모목을 고인과 동일시하는 형태로 받아들이지 않고 고인이 매장된 곳 전체의 분위기에 맞게 그곳에 하나 되어 전체를 이루려고 하는 생각이 투영된 결과다.

◆ 세계의 수목장림을 찾아서

− 스위스 마메른 수목장림

앞서 이야기했던 것처럼 마메른 수목장림은 자우터가 세계에서 현대적인 의미의 수목장을 가장 먼저 시작한 곳이다. 이곳은 인구가 600여 명밖에 되지 않는 작은 전원 마을이 위치한 곳으로 수목장림이 위치한 숲에 더해 포도밭이 넓게 펼쳐진 곳이며, 헤르만 헤세가 그 유명한 소설 '데미안'을 집필한 곳으로 널리 알려진 곳이다. 이곳은 앞서 살퍼본 스위스 수목장림의 특성을 전형적으로 보여주는 곳으로 이곳에서 자란 나무를 추모목으로 정해 99년간 관리하며 추모목에는 작은 명패 이외에 다른 표시는 하지 않는다.

– 독일 올스도르프 수목장림

언뜻 보기에는 공원이라고 해도 믿을 만큼 햇살 좋고 나무들이 아름다운 좋은 산책로 같아 보인다. 그러나 바로 이곳이 독일 함부르크 시에 위치한 올스도르프 수목장림의 모습이다. 물론 독일의 수목장림은 90% 이상이 자연산림 등에 조성되지만, 올스도르프 수목장처럼 공원과 흡사한 모습으로 꾸며지기도 한다. 물론 산림 등에 조성된 수목장림에도 산책코스 등을 정비해 많은 사람들이 찾아와 그곳을 휴식 공간으로 활용할 수 있도록 하고 있다.

독일의 니더작센주에 위치한 '부르크 프레세' 수목장림이 대표적인데, 부르크 프레세 수목장림은 단지 수목장림으로 활용되는 것이 아니라 휴양림으로 더욱 인기다. 그곳에는 산책로는 물론 산림교육로, 대피소 등은 물론 각종 쉼터를 마련해 시민들이 그곳을 휴양림으로 200% 활용할 수 있도록 하고 있다.

– 영국 사운스다운스 국립공원 부설 수목장림

영국 최남단의 사우샘프턴과 브라이턴 사이에 위치한 사우스다운

스 국립공원 부설 수목장림은 영국 내에서도 꽤 유명한 수목장림이다. 이곳은 총면적 1,627㎢에 달하는 국립공원으로 여의도 면적이 2.9㎢이며 지리산 국립공원이 438.92㎢임에 비추어볼 때 그 크기가 실로 어마어마함을 알 수 있다. 이곳은 2013년 영국에서 가장 우수한 수목장림상 등을 수상하였는데 수상 이유는 자연 그대로를 잘 보존한 수목장림을 운영한 것에 더해 자연학습 프로그램 등을 함께 연계해 수목장림을 운영함으로써 이곳을 교육공간과 생활현장 등으로 두루두루 활용한 것을 인정받았기 때문이다.

– 일본 이즈미 메모리얼 센터

일본의 이즈미 메모리얼 센터는 도쿄도 동남쪽의 마치다 시에 위치한 도심형 공원묘지로 잘 알려진 곳이다. 장미나 벚꽃나무 등을 이용한 수목장이나 위의 사진처럼 작은 묘목 등과 함께 화단 등을 조성해 수목장을 하고 있다. 일본의 경우 이러한 도심형 공원묘지에 더해 사찰 부지를 활용하거나 산림 지역 등에서 수목장이 주로 활용되고 있다.

◆ 우리나라의 유명 수목장 공원

– 재단법인 무궁화공원묘원

"서울에서 30분 거리, 그리고 드라이브 코스에 위치, 또 언제
든 오고 싶은 산책로가 구비되어 있고, 온종일 아름드리 햇살
이 따스하게 내리쬐며 북한강이 훤히 내려다보이는 수려한
자연경관이 있는 곳."

설명만 놓고 보면 서울 근교 유원지의 좋은 공원이나 수목원의 설명
처럼 보인다. 맞다. 그러나 이곳은 그에 더해 떠나보낸 이들을 추억하고
함께 기억할 수 있는 수목장도 마련되어있는 곳이다.

좋은 수목장을 찾기 위해서는 여러 조건들을 만족해야 하지만 무엇
보다 '접근성'이 좋고, '자연경관'이 수려하며, '자주 찾고 싶은 곳'이 가져
다주는 매력은 정말이지 크지 않을까. 허가받은 수목장이고 운영사항
이나 관리 사항 등이 명확히 규정되어 투명하게 관리되고 있다는 장점
이 있다.

숲을 유지하고 관리할 수 있는 기술과 조직이 제대로 갖춰진 곳으로 산사태조차 발생한 적이 없다. 수목장의 특수성을 감안해 재선충에 대한 관리 및 방재 관련 대비가 잘 되어 있다는 의미이다.

게다가 나무가 고사할 경우에 대비해 대체목 등의 준비상태가 잘 마련되어있고, 우리나라 사람들이 좋아하는 다양한 수종이 두루 갖춰져 있다. 수목장으로서의 조건을 두루 갖춘 잘 갖춰진 작품과도 같은 'Well-made' 수목장으로 한국에 있는 수목장 중 가장 으뜸이라고 할 수 있다.

– 국립 하늘숲추모원

국립 하늘숲추모원은 2009년 5월 경기도 양평 국유림에 개원한 수목장림으로, 우리나라에 설립된 최초의 국립 수목장림이다. 총 55헥타르에 달하는 하늘숲추모원에는 추모목의 종류가 매우 다양해 모두 6,315본의 추모목이 있다고 하며, 생강나무, 개옻나무, 국수나무, 산초나무, 둥굴레, 나물취, 억새, 뱀딸기, 산딸기, 각시붓꽃, 양지꽃 등 식생도 매우 다양하다.

추모원 안에는 중심이 되는 수목장림을 비롯해 자연휴양림과 치유의 숲, 숲 속 야영장 등이 함께 조성되어 있어 추모원 이외의 활용도도 크게 고려하였음을 살펴볼 수 있다. 하늘숲추모원은 추모목의 최초 사용 기간을 15년으로 하며, 이후 15년씩 3회까지 연장해 최장 60년까지 사용할 수 있도록 하였고, 2018년 6월 기준 15년간 사용료는 70여만 원 정도이다.

– 용미리 시립공원묘지(서울 시립 수목장)

파주 용미리에 위치한 서울 시립공원묘지는 서울에서 1시간 정도의 거리에 위치할 뿐 아니라 대중교통도 잘 마련되어있어 접근성이 뛰어난 공원묘지라 할 수 있다. 서울시설공단에서 운영하는 장사시설의 경우 수목장뿐 아니라 잔디장도 가능하며 용미리 시립공원묘지 내에는 추모의 숲이 마련되어있어 원하는 경우 이곳에 산골도 가능하다.

잔디장의 경우 지름 15cm, 깊이 50cm로 유골을 묻고 잔디형 공원을 조성하며, 수목장의 경우 추모목 1그루에 12~24위 정도를 공동으로 안치한다. 또, 암석 앞 잔디형에 굴착해 안장하는 암석원이나 정원 및 언덕 등에 안장하는 언덕형 및 정원형 자연장지도 존재해 많은 이들의 인기를 얻고 있다.

– 정안수목장

충청남도 공주시에 위치한 정안수목장은 2018년 현재 우리나라에서 가장 큰 규모를 자랑하는 수목장이다. 부대시설을 포함해 5천 7백여 평의 수목장지가 마련되어있으며 서울에서 차로 1시간 거리에 위치하는 등 수도권과 비교적 거리가 가까워 인기를 끌고 있다. 이 수목장은 수목장의 조성을 인공적으로 하기보다는 자연 친화적인 방식을 통해 수목장 전체를 공원화하는 방식으로 조성되었으며, 산골장과 잔디장도 가능하다.

국내 유명인사들이
선택한 수목장

◆ 국내 유명인사들이 선택한 수목장

– 김장수 고려대 명예교수

우리나라에서 가장 먼저 수목장을 알리고 수목장이 사람들로 하여
금 사회적인 관심을 가져오게 만든 분은 고(故) 김장수 고려대 명예교
수다. 임학(林學)에 평생을 바쳤던 김장수 교수는 2004년 자신이 한평
생을 함께 한 나무와 숲에 묻히고 싶다는 유언을 남겼고, 이에 50년생
인 굴참나무 아래 묻힐 수 있었다. 그리고 그 나무에는 '김장수 할아버
지 나무'라는 작은 푯말 하나가 붙게 되었다.

김장수 교수의 수목장이 우리 사회에 가져다준 충격은 그리 작지

않았다. 실제로 우리나라에서는 그 이후 수목장과 잔디장, 화초장 등 자연장이 매우 증가했고 많은 이들로 하여금 '매장'이 아닌 새로운 매력적인 대안을 찾을 수 있는 계기를 마련해 주었다.

─ 간디학교 설립자 양영모 이사장

2004년 김장수 교수의 수목장에 이어 이듬해인 2005년에는 우리나라에서 대안 교육을 가장 먼저 실시한 간디학교 설립자 고(故) 양영모 이사장의 유골이 간디학교 교정의 큰 느티나무 아래에 묻히게 되었다. 양영모 이사장은 장기를 기증하고 자신의 육신을 의학실험에 사용토록 한 뒤 남은 유골을 간디학교 교정 느티나무에 뿌려달라는 유언을 남겨 우리에게 큰 울림을 전달해 주었다.

우리나라 대안 교육의 큰 이정표를 세운 인물이기에 장례식도 크게 거행될 법하였으나 고인의 유언대로 특별한 장례식 없이 대구의 한 교회에서 환송예배만이 진행되었다. 양영모 이사장은 자신의 모든 혼이 담긴 간디학교 교정에서 느티나무처럼 너른 품을 드러내 보이며 그렇게 자연에 남았다. 간디학교에서는 그 이후 이른 나이로 안타깝게 투병생활 도중, 생을 마감한 한 학생도 교정의 단풍나무 아래에 수목장을 하는 등 전통을 이어나가고 있다.

– 구본무 LG그룹 회장

최근 들어 수목장이 큰 이슈가 되었던 것은 생을 마감한 고(故) 구본무 LG그룹 회장이 자신의 장례법으로 수목장을 택했기 때문이다. 구본무 LG그룹 회장은 생전 유난할 정도로 나무나 숲 등을 아끼고 사랑했던 것으로 알려져 있으며, 우리나라의 장례문화가 허례허식으로 가득 차 있다는 것을 지적하며 조문이나 조화 등도 받지 않고 가족장으로 장례도 치를 것을 유언으로 남겼다고 한다.

구본무 회장은 그렇게 기존에 재벌 회장 등이 보였던 모습과는 정반대로 경기도 곤지암에 있는 자신이 아끼던 나무 아래에 묻히게 되었다. 그곳은 구본무 회장이 생전 2006년부터 직접 조성한 화담숲이 인근에 자리한 곳으로 화담숲은 잣나무나 벚나무, 백합 등 4,300여 종의 식물이 있고 뻐꾸기나 박새 등 조류 25종과 천연기념물 327호인 원앙이 살고 있는 생태 공원이다.

구본무 회장의 수목장이 알려진 뒤 사람들의 반응은 정말이지 뜨겁다. 연일 구본무 회장이 다른 재벌총수와는 확연히 다른 행보를 보였으며 LG그룹도 여타의 재벌들과는 달리 상대적으로 좋은 경영활동을 해 왔다는 등의 기사도 속속들이 보도되고 있다.

또, 구본무 회장이 생전에도 자연을 사랑하고 소탈하게 살았다는 등 추억담 등이 회자되고 있으며 그 때문에 여타의 기업 총수의 장례 때와는 확연히 달리 추모 열기가 크게 달아올랐다. LG그룹의 이미지 자체가 크게 쇄신된 것이다. 이를 놓고 보아도 역시 지금의 사람들은 수목장을 선택한 것을 매우 훌륭하고 개념 있는 선택으로 보고 있다는 것이 확실히 드러난다.

출처: 화담숲 홈페이지
(http://www.hwadamsup.com/relay/about/aboutTheme01.do)

앞서 1장에서 마오쩌둥을 비롯한 덩샤오핑 부부와 5남매, 저우언라이 전 총리, 후야오방 총서기 등 중국의 지도층들이 일제히 소박한 장례문화 등을 선도하면서 중국의 장례문화가 크게 바뀔 수 있었음을 이야기한 바 있다. 이를 주목한다면 우리의 경우도 이와 크게 다르지 않을 것임을 짐작해볼 수 있다. 구본무 회장의 수목장을 계기로 최근 들어 많은 이들이 수목장에 크게 관심을 가지고 있고 여러 추모공원 등을 찾는 발길이 늘었다는 기사 등을 통해 볼 때 우리도 앞으로 이처럼 유명인사들의 수목장이 계속해 이어지게 되면 그동안 '매장'이나 '납골당' 등에 집중되었던 장례문화가 '수목장'으로의 패러다임의 전환이 이어질 것으로 예견된다.

이는 수목장이 지금 시점에서 시대정신을 가장 잘 대변하는 장례법일 뿐 아니라, 앞서 이야기한 여러 가지 사회적 비용 문제를 해결하고 자연 친화적으로 자신의 '웰-다잉'을 이뤄낼 수 있는 최적의 대안이기 때문이다. 당신도 꿈을 꾸고 있는가. 그렇다면 당신의 '웰-다잉'의 마지막은 어떤 모습인가.

3장

좋은 수목장이란

수목장의 본질

◆ 장례의 본질을 담은 추모의식

독일의 장사에 관한 법을 살펴보면 우리나라 법과는 차이가 있다. 우리나라 장사법이 주로 '어떻게' 장사를 지내야 하는지를 다루고 있는 반면 독일은 방법을 논하기에 앞서서 장사를 '왜' 지내야 하느냐는 물음을 먼저 다루고 있다. 독일 장사법 제7조 1항은 이러하다.

독일 장사법 제7조 1항

(1) 모든 여자와 남자는 죽은 자에 대해 경외심을 가져야 하고, 죽은 자의 존엄성을 존중해야 한다. (강기용 번역)

– 장사 의무와 사후 인격권을 포함하는 독일의 장사법 –

이 조항은 다시 말해 '사후에도 인격권'이 있다는 것을 의미한다. 사람의 죽고 남은 몸을 '인격의 잔재물'로 이해하기 때문에 사후 인격권과 장사의 의무를 연관시키고 있는 것이다.[1] 그만큼 장사를 지낸다는 것은 의미가 깊은 일이다.

장사 의무를 인격권의 문제로 이해하는 독일은 스위스와 더불어 우수한 사례로 소개될 만큼 정부 주도하에 대규모 산림으로 수목장을 조성해왔다. 이를 추진한 배경에는 여러 가지 이유가 있지만, 무엇보다도 사후의 인격을 존중하며 존엄하다 여기는 차원에서 사자(死者)가 나무와 숲이라는 생명의 공간에 깃드는 것을 우호적으로 받아들였기에 가능했다고 볼 수 있다.

수목장은 장례의 근본 취지에 적합한 조건을 가지고 있으며 '고인을 자연으로 돌려보내 주는 절차'로서의 요소를 담아내고 있다는 점에서 그 우수성을 드러낸다. 매장과 비교해볼 때도 그 취지를 잘 구현하는 장례법이라고도 할 수 있다. 지금 문제가 되는 것처럼 국토의 황폐화를 우려할 정도로 자연을 다소 훼손하게 되는 매장과는 달리 수목장은 최대한 자연을 살리고 오히려 융성하게 할 뿐 아니라 오히려 나무에게 양분이 될 수 있도록 함으로써 고인을 보다 적극적으로 자연으로 회귀토록 해 자신이 왔던 곳으로 되돌아갈 수 있게 하기 때문이다.

---

1) 姜基弘(2006), 독일 장사법 체계에서 수목장(樹木葬), 공법학연구, 7(2), 492-493.

또, 수목장은 매장이 그러했던 것처럼 추모의 대상을 확실히 함으로써 남은 자들의 치유의 과정에 도움을 줄 수 있나? 매우 그렇다. 매장을 통한 묘지보다 수목장은 유가족에게 더 좋은 치유 효과도 기대할 수 있다. 산림정책연구회의 조사에 따르면 수목장에 대한 긍정적인 인식을 보인 사람들에게 이유를 물었을 때 24.5%는 '나무의 성장을 통해 고인을 느낌'이라고 택했다. 나무가 성장하고 커가는 모습, 겨울이 되면 나뭇잎이 떨어지고 봄이 되면 다시 새순이 돋고 잎이 크게 만개하는 모습 등은 보다 생동감 있게 실제 나무가 살아있음을 보여주기 때문에 그를 고인과 동일시하여 고인을 느끼면서 보고 싶을 때 찾아가기도 하고, 대화를 나누어 보면서 유족 등으로 하여금 허전한 마음과 아쉬운 마음을 달랠 수 있도록 작용하는 것이다. 때문에 수목장은 지금껏 존재하였던 그 어떤 장례법보다도 남은 유족들의 심리적 측면에 있어 가장 매력적인 장례법이라 할 수 있다. 그리고 그것이 어쩌면 고인에 대한 인격권을 잘 지켜주며 자연과 공생하는 아름다운 방법이 아닐까 생각한다.

■ 장례의 근본 취지에서 접근한 수목장

- 정화 의식

'망자의 시신을 처리하는 일련의 절차'라는 장례의 사전적인 의미를 넘어 우리 사회에서 장례는 보다 큰 '의식'으로서의 기능을 담당하고 있다. 우리는 장례를 거치며 고인과의 추억을 정리하고, 고인과의 마지막을 마음껏 슬퍼하며 유족을 위로하기도 하는 등 고인에 대해 가지고 있던 각종 응축된 감정 등을 쏟아내는 과정을 통해 다시금 삶의 현장으로 돌아오게 된다.

유명인의 자살 등이 발생하면 여지없이 '베르테르 효과'를 경계하는 기사들이 쏟아지는 이유가 바로 여기에 있다. 우리는 죽음이 가져다주는 직간접적인 영향에 쉽게 노출될 수밖에 없다. 때문에 장례가 가지는 '정화 의식'이 매우 중요한 가치를 가지는 것이다. 그렇게 장례는 고인에 대한 감정을 모두 해소할 수 있도록 하고 심정적으로 고인을 보내며 정리하는 역할을 하는 셈이다. 또한 이와 비슷한 의식 등은 역사적으로 어떠한 원시 부족 등을 살펴보더라도 그 형태만 달리할 뿐 대부분 존재하고 있어 이는 인류 공통의 문화적 양식이라고도 할 수 있다.

수목장은 이러한 '정화 의식'으로서의 역할을 보다 잘 수행하는 장례법이라 할 수 있다. 각종 예식을 통해 기존의 장례가 수행하는 모든 과정을 다 거칠 뿐만 아니라 고인을 상징하고 고인과 동일시되어 받아들여지는 나무를 심고 만져보고 안아볼 수 있도록 함으로써 감정을 오롯이 담을 수 있는 '대상'을 완전하게 설정할 수 있도록 해 주기 때문이다. 이는 심리학적으로도 대단히 중요한 지점이라 할 수 있다. 우리가 유품 등을 통해 고인을 느끼고 애착 대상으로 삼는 등의 과정을 통해 마음의 위로와 안정을 찾게 되는 것과 같은 이치다.

– 자연으로의 회귀

'생을 마감한 고인을 자연으로 돌려보내 주는 절차'로서의 가치는 장례의 근본 취지이기도 하고, 지금과 같은 형태의 장례절차 등이 생겨나게 된 중요한 메커니즘의 근저를 이루기도 한다. 학교 앞에서 산 병아리가 시름시름 앓다 생을 마감하였을 때, 우리는 그를 땅에 묻어주는 일을 자연히 하게 된다. 여러 종교들이 가지고 있는 저마다의 내세관이 분명히 존재하지만, 일정 정도 그를 초월하는 것이 이 '자연으로의 회귀'와 관련된 우리의 인식이다. 병아리의 예를 든 것처럼, 동물을 통해 보면 그를 잘 확인할 수 있다. 병아리의 내세를 위해 우리가 그를 묻어주는 것이 아니기 때문이다.

우리는 그처럼 자연에서 온 사람을 다시 자연으로 돌려보내 준다는 의식으로서의 장례의 의미를 저마다 깊게 가지고 있다고 할 수 있으며 이는 시대와 문명을 초월한 문화 양식이라고도 볼 수 있다. 그리고 수목장은 이에 가장 잘 부합하는 장례법이다. 또한 환경오염 등 자연문제가 심각하게 대두하는 현시점에서 이는 더욱 높은 가치를 지닌다고 할 수 있다. 자연을 훼손하는 것이 아니라 오히려 살리고 더욱 융성하게 만드는 장례법으로서의 수목장이 우리 사회에서 대세가 되고 있는 가장 큰 이유다.

◆ 자연 사랑을 실현하는 수목장

수목장에는 '자연을 사랑하는 정신'이 담겨 있다는 것, 이는 우리가 '수목장'을 생각하면 가장 쉽게 먼저 떠올릴 수 있는 가치라 할 수 있다. 그러나 당연한 가치라고 해서 이를 과소평가해서는 안 된다.

지금까지 살펴본 수목장의 본질을 이루는 요소들이 모두 '매장' 등 과거의 장례법과 관련한 여러 반대급부라거나 장례 자체에 대해 우리가 근본적으로 가지고 있는 취지 등에 관한 것이었다면, 수목장에 담겨 있는 '자연 친화적'인 가치와 정신은 지금까지 우리가 장례에 관해 가지고 있었던 여러 고정적인 생각들의 틀을 완전히 깨고 전혀 새로운 발상을 할 수 있도록 한 혁명적인 인식의 전환이기 때문이다.

종전의 우리의 장례법에는 '자연'이 아닌 '사람'만이 담겨 있었다고 해도 과언이 아니다. 철저하게 인간적인 시각에서 자연을 수단화하여 이용하였던 것이다. 자연에 대한 배려나 자연과의 공생 같은 것들은 '장례법'과 쉽게 연관 지어볼 수 있는 가치가 아니었다. 그러나 현대사회를 거치며 두드러진 각종 환경 관련 문제 등을 통해 우리는 자연과 환경을 염두에 두지 않을 수 없는 지경에 이르렀고, 이는 우리의 장례법에도 영향을 주게 된 것이다.

애초에 자연을 생각하는 마음이 없었다면, 그리고 과거에 그랬듯 인간이 자연을 도구로 이용만 하려 했다면 수목장이 우리 현실에 등장하지도 못했을 것이며, 등장했다고 해도 지금과 같은 관심을 받지 못하였을 것이다.

결국 지금 우리 눈앞에 수목장이 아주 높은 가치를 가지며 좋은 평가를 받을 수 있는 중요한 이유는 앞서 이야기했던 현재 장례문화를 개선할 매력적인 대안으로서의 수목장의 가치에 더해 수목장 자체가 지금의 시대정신에 맞는 강력한 내재가치를 지니고 있기 때문이라고 할 수 있는 것이다. 물론 지금의 시대정신에 아주 잘 부합하는 그 내재가치의 정체는 '자연 친화적' 가치다. 자연과 공생하겠다는 것, 지속 가능한 지구를 만들기 위해 자연을 함께해야 하는 대상으로 삼겠다는 정신이 바로 그것이다.

그렇다면 그냥 '나무=자연'과 같은 피상적인 연상 이외에 실제로 수목장이 자연을 이롭게 하는 효과가 있는 것일까? 물론이다.

한국보건사회연구원은 '자연장 활성화 방안 연구'에서 화장 유골이 수목 주변에 매장되면 어떠한 환경적 영향을 미칠 수 있는지를 분석하였다. 이 연구에 따르면 화장 유골이 토양환경에 부정적인 영향을 미칠만한 함유량은 나타나지 않는다는 결과가 도출되었고, 오히려 토양

환경에 유용한 영양물질로 작용한다는 결론이 나왔다. 또, 오히려 화장 유골이 비료의 역할을 수해 할 수도 있다고도 분석되었다.

재단법인 무궁화공원묘원의 유골함

그렇게 분석된 이유는 화장 유골은 대부분 칼슘(Ca)과 인(P)으로 이루어져 있는데 이때 이 두 원소는 인산석회 또는 인산삼칼슘(화학식 $Ca_3(PO_4)_2$) 등의 화합물로 존재한다는 것이 확인되었기 때문이다. 인산삼칼슘은 무기질 비료 등과 성분이 매우 유사한 성분이다. 또, 한국화학시험연구원에서의 유해성 여부 분석에서도 화장 유골은 어류 및 동물에 대한 독성실험에서 어떠한 이상 소견도 나타내지 않았다.

즉, 화장 유골은 자연을 살리는 실질적인 효과를 가지고 있는 것이다. 이러한 친환경적 가치는 우리 세대만이 아니라 미래 세대를 함께 고려하는 배려의 가치를 존중하는 시대적 요구에도 매우 부합한다고 할 수 있다.

또한, 현대의 복지국가의 경우 장례문화 등이 단순히 보건위생의 위험을 방지하는 차원을 넘어 복지로 인식되는데, 이때 복지의 차원이라는 것은 고인에 대한 것만을 넘어 생존해 있는 사람들과 앞으로 태어날 후손들을 두루 고려하는 개념이라는 것을 제대로 인식해야 한다. 우리는 이를 잊지 말고 장례문화 자체가 고인뿐 아니라 남은 이들을 함께 고려하는 방향으로 발전할 수 있도록 각별한 관심을 기울일 필요가 있다.

스위스나 독일 등 수목장을 먼저 시작한 나라들이나 우리와 일본 등 수목장을 도입한 나라들은 대부분 수목장을 단순히 수목장으로만 활용하지 않고, 복합적인 문화공간으로 활용하고 있다. 이는 고인이 아닌 생존해 있는 사람들을 위한 복지의 차원이라고 할 수 있으며, 이는 수목장이 가진 부가적인 기능 중 매우 우수한 기능이다.

특히 우리나라의 경우 각 도시에 다소 부족한 공원 등의 문제를 수목장의 적극적 활성화를 통해 개선할 수 있을 것이다. 높은 산 등이 아니더라도 수목장의 활성화를 통해 도시 근교에 사람들이 자주 들러볼 수 있는 여러 계획 조림 등이 늘어나게 된다면 전 국토의 공원화도 더 이상 꿈만은 아니다. 떠난 사람과 남은 사람이 서로 자연을 통해 공존하고 함께 살아가는 일, 이미 우리 눈앞에 한층 다가와 있다.

■ 웰-빙, 그 이상의 가치 '에코다잉'

한창 불어왔던 웰-빙 열풍 이후 우리 사회는 점차 웰-다잉(well-dying)과 웰-에이징(well-aging)으로 그 논의의 폭을 넓혀 왔다. 이는 잘 사는 일을 고민하게 되면서 생을 아름답게 마무리할 수 있는 잘 죽는 일은 무엇인지, 그리고 또 그 과정에서 중요시 여겨야 할 것들은 없는지를 점차 고민해온 자연스러운 결과라 할 수 있다.

그처럼 웰-빙과 웰-다잉, 그리고 웰-에이징 등을 주창하던 사람들은 그에 대한 깊은 고민의 과정 속에서 결국 그 모든 것들이 서로 상호 연관되어 있음을 알게 되었다. 당연하게도, 잘 사는 일, 그리고 잘 늙는 일을 통해 잘 죽는 일에 다다를 수 있게 된다는 것은 구분할 필요 없이 하나의 프로세스로 이해되었던 것이다. 그러한 과정 속에 가장 중요하게 대두한 것은 삶의 '태도'를 가치 있게 정립하는 일이다.

그러한 인식 하에 사람들이 눈길을 주게 된 것이 바로 '에코다잉'이다. 이는 가치 있는 삶의 태도로서 현시점에 가장 중요한 의제 중 하나인 '환경'과 '자연', '생태' 등에 관심을 가지려 하는 사람들이 늘어난 결과다. 사람들은 가치 있는 삶의 태도로서 환경을 생각하는 일에 더해 자신의 마무리에 있어서도 환경을 생각하고 그를 통해 후손 등 세상에 남을 사람들을 배려하는 일에 큰 가치를 부여하기 시작했다.

최근 별세한 고(故) 구본무 LG그룹 회장의 '수목장'과 그 이후 쏟아진 관심과 사람들의 반향이 바로 그의 대표적인 예라 할 수 있다. '수목장'이 담고 있는 자연을 위하고 다음 세대를 위하는 가치가 우리 사회에서 높은 가치를 지니는 시대정신으로 자리매김했다는 것을 증명하고 있는 것이다. 우리는 그렇게 이미 명실상부 '에코다잉'의 시대를 살고 있다.

출처: http://www.koreadaily.com/news/read.asp?art_id=6322812
http://moneys.mt.co.kr/news/mwView.php?no=2018062018128015233

◆ 숲의 활성화를 돕는 수목장

산림청이 2015년 발표한 '산림기본통계 산출 결과'에 따르면 우리나라의 산림면적은 총 633만 5,000헥타르로, 우리나라 총 국토의 63.2%에 해당한다고 한다. 이 같은 수치가 어느 정도로 높은 것인지를 확인하기 위해 경제협력개발기구(OECD)의 국가들과 비교를 해보면, 우리나라는 핀란드(73.1%), 일본(68.5%), 스웨덴(68.4%)에 이어 4위에 해당하는 것을 알 수 있다. 기본적으로 우리나라는 이미 세계적인 산림 국가로 불릴만한 조건을 갖추고 있는 셈이다.

그럼에도 불구하고 우리나라는 한 해 사용하는 목재의 80% 가까이 수입하여 사용하고 있는 실정이다. 아직 임업 등에 있어 경제성을 이야기하기에는 걸음마 수준인 것이다. 물론 한때 벌거숭이산이 천지였던 우리가 산림 녹화사업을 통해 지금에 이르는 산림을 복원해 냈다는 사실은 대단히 자랑스러운 일임이 분명하다.

그러나 그와 동시에 숲을 경제적으로 활용하는 단계로까지 나아가지 못한 것이 대단히 아쉬운 것이다. 이는 21세기 들어 임업이 가지는 가치가 우리가 상상할 수 없을 만큼 비약적으로 높아져 있기 때문이다.

국립산림과학원의 2014년 '산림 공익기능 평가액' 연구에 따르면, 우리나라 산림이 우리에게 주는 공익적 가치가 연간 126조원에 달한다고 한다. 물론 이는 임업이 OECD 국가들과 비교해 그게 활성화되지 않은 시점에서 측정된 결과이다. 그 때문에 더욱 놀라지 않을 수 없다. 126조원은 우리나라 국내총생산(GDP)의 8.5%에 해당하고, 농림어업 총생산의 약 3.9배에 달하는 어마어마한 수치이다. 그렇다면 궁금해질 수밖에 없다. 과연 숲이 우리에게 가져다주는 경제적 가치는 어떤 것들이 있기에 그만큼 높은 공익적 가치가 산출된 것일까.

숲은 기본적으로 목재를 제공해 주고, 그를 통한 연료 공급이나 종이 등의 원료 공급을 가능케 하며 또 약초나 버섯, 꿀 생산 등의 단기

임산물 생산임업을 가능케 한다. 또, 숲은 거대한 저수 능력을 가지고 있어 홍수를 방지해 주기도 한다. 그리고 그 수준은 엄청나서 우리나라 산림의 저수 능력은 180억 톤으로 추정되며, 이는 전국 50여 개 댐의 저수 능력의 합인 140억 톤보다 40억 톤이나 많은 수치이다. 숲에 쌓여있는 낙엽만 해도 홍수를 20~30분 지연시킬 수 있다니 숲의 저수 능력은 참으로 놀랍지 않을 수 없다. 다음으로, 숲은 공기정화의 기능을 가진다. 최근 들어 전 국가적인 문제로 부상하고 있는 미세먼지 문제에도 숲은 우리에게 좋은 도움을 줄 수 있는 것이다. 이 밖에도 토사 유출방지 기능이나 산림 휴양 기능, 산림경관 제공 등 숲이 우리에게 주는 유무형의 가치들이 많다.

그럼 이처럼 무궁무진한 기능과 가능성을 가진 산림을 수목장의 활성화를 통해 크게 진흥시킬 수 있을까? 물론이다. 1981년 보건복지부 통계를 보면 묘지의 92%가 산림생산 자원화에 필요한 5부 능선에 위치하고 있다는 점을 지적하고 있음을 알 수 있다. 그러한 이유로 매장이 임업 등 산업 발전에 걸림돌이 되거나, 산림의 질을 떨어뜨리는 측면이 큰 것이다. 앞으로 수목장의 활성화를 통해 이러한 측면에 근본적인 체질개선이 이뤄진다면 산림 녹화사업을 통해 새로이 다시 태어난 우리나라 산림이 한걸음 진일보한 의미 있는 발전을 이뤄낼 수 있을 것이다.

또한, 무엇보다 환경문제가 크게 대두하고 있는 현재 이와 같은 변화는 우리에게 매우 시의적절한 변화라 할 수 있다. 이미 기후변화협약인 파리협정에서 도시에서의 미세먼지와 초미세먼지의 농도를 산림이 각각 25.6%와 40.9% 저감시키는 효과가 있다는 점을 들어 탄소 흡수원으로서의 산림의 역할을 규정하기도 한 만큼 앞으로 수목장을 통해 도시와 도시 근교에 계획조림 등이 늘고 전 국토가 공원화될 미래가 크게 기대된다.

◆ 치유의 가치, 남은 이들의 안식처

2010년 한국갤럽이 '산림이나 산지의 바람직한 이용방법'에 대한 조사를 시행한 결과 우리나라 국민들은 산림이나 산지를 '휴양이나 휴식을 위해' 사용하는 것을 가장 바람직한 이용방법으로 인식함을 알 수 있었다.

이는 제주 올레길 이후 국립공원을 비롯해 우리 주변에 우후죽순 등장한 OO길 같은 산책 문화를 비롯해 문화체육관광부가 2012년 실시한 국민여가활동조사에서 우리나라 사람들이 산책(61.9%)과 등산(35%) 등을 여가활동으로 가장 많이 하는 것으로 나온 결과가 고스란히 반영된 것이라 할 수 있다.

우리나라 사람들은 이처럼 이미 산림을 휴양 혹은 휴식, 즉 '힐링'을 위한 장소로 삼고 있다. 이는 우리나라가 특히 산지가 많기 때문이기도 하겠지만, 기본적으로 산림 자체가 가지고 있는 '치유' 기능도 한몫을 한 결과라 할 수 있다. 최근 들어 우리 미디어에는 '산림치유', '피톤치드' 같은 말들이 속속 등장하고 있다.

숲을 구성하고 있는 자연적, 심미적, 물리적인 요소들이 우리 신체의 면역력을 높여줄 뿐 아니라 건강의 질적 향상을 가져온다는 것인데, 사실 이는 독일 등지에서는 1800년대부터, 일본 등지에서는 2000년대 초반부터 실질적으로 공인되며 활용된 치유 프로그램의 일환이라 할 수 있다.

우리는 종종 암 등 난치병에 걸린 사람들이 산으로, 자연으로 거처를 옮겨 건강을 회복하는 놀라운 일을 보게 된다. 물론 미디어가 부풀린 부분도 있겠지만, 실제로 암 수준의 난치병이 꼭 아니더라도 산림 속에 살며 악화된 건강을 회복한 사람들은 꽤 많이 접할 수 있는 것이 현실이다.

사실 이미 이와 관련해 독일에서는 일찍이 '산림요양'이라는 개념으로 이를 활용하기도 했고, '산림치유'에 대한 각종 프로그램이 도입되기도 하는 등 이를 체계적인 요법으로 활용하려는 시도가 많이 있었다. 독일에는 이미 산림치유공간이 400여 개가 넘게 운영 중에 있고, 국가 의료보험을 통해 '숲 치유 진단서'를 발급받아 숲 치유 프로그램을 이용할 수도 있다.

이와 같은 독일의 영향으로 이미 유럽 등지에서는 산림이 가지고 있는 치유 효과를 부정하는 사람들이 극히 드물 만큼 산림치유에 대한 일정 수준 이상의 사회적인 공감대가 마련되어있다. 따라서 우리도 그러한 프로그램을 받아들여 이미 많은 국민들이 휴양이나 휴식을 위해 주로 방문하는 산림을 활용해 '산림치유' 프로그램을 운영할 수 있게 된다면 우리나라의 보건정책은 일대 혁신의 계기를 마련하게 될 것이다.

정부 정책의 기조가 수목장의 활성화에 있고, 산림청 또한 그 기조에 따라 국·공유림을 수목장으로 활용하려는 방안을 마련하고 있는 만큼 그와 함께 '산림치유' 프로그램까지 연계해 담아내려는 노력을 할 수 있다면 정말이지 일석이조가 아닐까.

재단법인 무궁화공원묘원의 수목장 전경

■ 웰-다잉을 위한 항목별 체크리스트

웰-다잉을 이뤄내기 위해서는 항목별로 따져보고 미리 준비해야 할 사항들이 상당수 존재한다. 또한 일가를 이루고 다양한 사회적 네트워크 속해서 살아가는 사회적 동물인 인간의 특성상 그 고려의 대상은 자기 자신에만 국한되지 않는다. '아름다운 마무리'는 건강할 때 미리 준비할 수 있어야 한다. 아름다운 웰-다잉을 위해 미리 준비해야 할 내용들에 대해 항목별로 알아볼 수 있도록 하자.

● 질병, 치료, 존엄사 등 의료 관련 사항

① 사전연명의료 의향서 & 장기기증 여부

건강할 때 미리 작성하는 사전연명의료 의향서는 병의 진행이 일정 수준을 넘어선 뒤 의사와 함께 작성하는 연명의료 계획서와는 달리 연명의료에 대한 생각이 정리되었다면 이를 미리 준비할 수 있어야 한다. 물론 어디까지나 자신의 신념이나 생각이 그에 부합할 때에 한한 것으로, 이 부분에 대해서는 평소 소신을 잘 정리해 가족과 공유할 수 있어야 한다. 또, 이를 정리할 때 존엄사의 희망 여부와 장기기증에 대한 의사도 함께 고민해 준비해둘 수 있도록 하자.

② 의료비, 간병비 등에 대한 준비

웰-다잉을 위해 의료비나 간병비 등 자기 한 몸을 책임질 수 있는 수단을 강구해 두는 것은 필수 중의 필수라 할 수 있다. 또한 간병 수단을 강구해 두는 것은 필수 중의 필수라 할 수 있다. 또한 간병 등과 관련해서는 비용뿐 아니라 간병을 부탁하고 싶은 사람이나 간병을 받고 싶은 병원 혹은 기타 장소 등에 대해서도 함께 고민해본 뒤 이를 확실히 알리고 준비해둘 수 있도록 해야 한다. 혹여 알츠하이머 등의 질병으로 인해 추후 자신의 의사를 확실히 할 수 없게 될 때를 미리 대비해놓을 수 있어야 하기 때문이다.

● **임종 및 장례 관련 사항**

① 유언장 및 엔딩 노트 작성

유언장의 경우 유산의 처분 등에 관한 상세 내용과 유족에게 남기고 싶은 이야기 등을 담아 법률적 효력을 발생시킬 수 있도록 민법에 규정된 양식을 따를 수 있도록 해 준비할 수 있도록 해야 하는데, 미리 작성해둔 뒤 생각이 바뀔 때 수정을 거칠 수 있도록 하는 것이 추천된다. 또한, 남은 이들을 위한 유언장 이외에 자기 스스로의 마무리를 위해 엔딩 노트를 작성하고 지난 삶을 정리하고 남은 삶의 방향성을 설정할 수 있도록 한다면 웰–다잉에 한발 가까이 다가설 수 있다.

② 장의업체 및 장례법 선정 등

자신의 장례법을 어떻게 할지, 장례절차는 자신의 가치관에 따라 새롭게 준비할 것이 있는지 등을 미리 생각해둘 수 있어야 한다. 또한 장례법에 따라 묏자리의 준비 여부나 수목장지의 준비 여부, 장의업체 선정 여부 등 장례절차에 대한 상세한 준비가 되어 있어야 하며, 묘비 등에 새길

비문을 정하거나 자신의 장례식에 찾아올 이들에게 전할 인사말 등을 준비하는 것도 추천된다.

● **가족, 친지 관련 사항**

① 마음의 빚 청산하기

생을 잘 정리하고 마무리를 올곧이 해낼 수 있도록 하는 것에서 출발하는 웰-다잉을 위해서는 경제적인 정리 이상으로 마음의 정리가 중요하게 작용할 때가 많다. 특히 고마웠던 사람들이나 미안했던 사람들 등 그동안 마음에 담아두고 있었으나 표현을 하지 못해 부채감으로 남았던 이들에 대해서는 여러 방법을 통해 그 마음을 표현하고 정리를 할 필요가 있다.

② 재산 및 유품 정리

재산과 유품 등 상속과 관련된 사항은 미리 일정 정도 윤곽을 확실히 해 둘 필요성이 있다. 일이 닥쳤을 때 가장 분쟁이 많고 정리가 쉽지 않은 항목이 재산과 관련된 사항이기 때문이다. 따라서 부동산이나 금융자산 등에 대한 내용뿐 아니라 귀금속이나 장식품 등의 기타 자산과 보험과 개인연금 사항, 각종 회원권 등의 권리와 관계된 사항, 디지털 유품을 포함한 각종 유품에 대해 미리 정리하고 유언장 등에 자신의 의견을 명시해둘 수 있도록 하자.

출처: http://news.donga.com/3/all/20161022/80923294/1

수목장에
필요한 조건들

◆ 수목장에 좋은 부지여건

앞선 1장에서 우리는 수목장이 가져다줄 수 있는 다양한 유무형의 가치에 대해 살펴보았다. 아마도 많은 분들이 생각보다 수목장이 현시점에서 우리에게 상상 이상으로 많은 것들을 제공해 줄 수 있다는 것을 깨달았을 것이다. 그렇다면 수목장을 올바르게 조성하기 위해 우리가 필수적으로 염두에 두어야 하거나 달성해야 하는 조건들은 어떤 것들이 있을까.

먼저 살펴볼 것은 뭐니 뭐니 해도 입지조건이다. 꼭 수목장이 아니더라도 어떤 장소를 활용하고자 할 때 가장 먼저 살펴보아야 하는 것은 입지조건이라 할 수 있을 것이다. 그렇다면 수목장을 만들고자 할 때 유심히 살펴보아야 할 부지여건이나 자연환경은 어떠한 것들이 있을까.

일단 확인해 보아야 할 요소는 지형과 배수, 풍토, 경사도, 수계 등이다. 붕괴나 침수, 산사태 등의 우려가 적거나 없어야 하기 때문이다. 수목장은 관리위험의 수준이 생각보다 낮지 않다. 침수나 산사태 등 사고가 발생하면 복구가 어렵거나 불가능한 측면이 있기 때문이다.

따라서 일단 필수 조건으로 지형이나 배수, 기후, 토양, 경사도 등이 부적합한 요소가 없는지를 먼저 확인해야 한다. 정밀한 분석을 통해 배수가 잘되는지 등을 확인하고 산사태가 다량으로 발생한 적이 있지는 않은지를 꼼꼼히 살펴야 한다.

그리고 그다음으로 주변 경관을 살필 수 있어야 한다. 사실 주변 경관 등에 있어서는 필수적인 요소가 아닌 것으로 여길 수 있는 사람들이 많을 것이다. 그러나 사실 수목장을 실질적으로 선택하려 할 때 주변 경관은 단지 부가적인 요소로 기능하지 않는다는 사실을 명심해야 한다.

이는 당사자뿐 아니라 앞으로 수목장을 자주 방문할 유족 등에게도 똑같이 적용된다. 따라서 수목장을 둘러싼 수려한 자연환경은 실질적으로 필수적 요소라 할 수 있다. 또한 기본적으로 수목장을 수목장만으로 활용하지 않고 다양한 문화시설과 연계하여 활용하거나 산림치유 프로그램을 도입해 함께 활용하기 위해 사용할 수 있도록 하기 위해서는 주변 경관이 가지는 가치를 더욱 높은 수준에서 고려해야 한다.

물론 주변 경관을 고려하는 것은 수목장을 자연장지로 조성하고자 할 때 더욱 부합하는 조건이라 할 수 있다. 세계적인 추세도 그렇고, 수목장이 가지고 있는 '친환경적' 가치를 고려할 때 자연장지에 있어서는 자연의 훼손을 최소화해 운영하는 것이 바람직하다는 공감대가 널리 형성되어 있기 때문이다. 때문에 조성 계획 시 부지를 선정할 때부터 주변 경관을 고려요소로 삼아야 하는 것이다.

또, 그와 비슷하게 입지 자체가 가진 특성으로 고려해야 하는 요소 중 하나가 해당 지역에 이미 잘 자라고 있거나 적합한 수종에 관한 것이다. 일단 수목장을 조성하고자 하였는데 해당 부지에 적합한 수종이 다수 국민의 선호와 부합하지 않는다면 그 부지는 수목장으로 활용하기에 적합하지 않다

일단 수목에 대해 정서적인 교감을 가질 수 있게 되는 것이 수목장의 큰 장점 중 하나인 만큼 수목을 선정하는 데 있어 선호는 굉장히

중요한 가치를 지닌다고 할 수 있기 때문이다. 따라서 해당 부지에 조성 가능한 수목에 대해서는 철저한 분석을 거쳐야 하고 또한 해당 부지에 현재 존재하지 않는 수종을 들여와 활용할 계획이 있더라도 주변 경관과의 조화를 염두에 둔 조성 계획을 세울 수 있도록 하여야 한다.

마지막으로, 입지조건과 관련해 빠져서는 안 되는 요건 중 하나는 바로 '접근성'이다. 접근성은 지금까지 이야기했던 수목장이 가지는 여러 순기능들을 실질적으로 활용될 수 있도록 하는 필수 조건 중 하나라 할 수 있다. 접근성이 떨어져 자주 찾기 힘든 수목장은 수목장으로서의 매력이 크게 반감된다고 할 수 있을 것이다. 따라서 최대한 접근성을 살릴 수 있는 방향으로 도시 근교 등 접근성이 좋은 위치에 마련해야 한다.

그리고 이와 관련해 우리가 아주 중요하게 생각해보아야 할 지점이 있다. 바로, '접근성'은 종전의 '매장' 묘지들이 가졌던 환경과의 이질성, 경관과의 이질성, 그리고 일상공간과의 이질성 등을 극복하기 위한 측면에서도 매우 중요시되어야 한다는 점이다. 기존의 매장묘지들은 여러 측면에서 부조화나 소외를 야기하는 특성으로 인해 혐오시설이자 기피시설로 치부되어 왔다.

그리고 그 때문에 우리 사회에서 매장이 차츰 자신의 가치와 입지를 크게 상실하게 된 면도 큰 만큼 그를 통해 보면 수목장은 최대한 환경이나 경관과 잘 조화되고 일상과 조화될 수 있는 방향성 속에 조성되는 것이 바람직하다고 할 수 있다.

더 알아보기: 수목장의 좋은 입지·부지 여건	
입지 측면	– 경사가 급하지 않고 완만하며, 남향이나 남동향, 남서향 등이 많은 곳 – 배수가 좋고 산사태 등이 발생한 적이 없고 가능성이 적은 곳
접근성 측면	– 인접 도시 등에서 1시간 이내 혹은 최대 1시간 반 이내의 접근성
수종 측면	– 고인과 함께 자라갈 건강한 수종이 많은 곳 – 혼효림이며 복층림으로 자연스러운 구성과 경관을 가진 곳
지역 측면	– 민원 발생 등의 요소가 적은 곳 – 인접한 마을 등과의 거리가 그리 멀지도 가깝지도 않은 곳

◆ 자연 친화적이면서도 계속 오고 싶은 수목장

수목장의 가치를 높이는 것은 무엇보다 수목장의 본질을 강화하는 데에서 출발한다고 할 것이다. 그와 관련해 수목장이 갖춰야 할 가장 중요한 조건 중 하나는 '자연 친화'라 할 수 있다.

수목장을 조성할 때에는 다양한 고려가 수반된다. 앞서 이야기했던 입지조건이나 부지여건, 접근성 등은 물론 그 조성방법에 있어 자연장지가 적합할지, 새로이 조성하는 장지가 적합할지, 그 규모는 어떻게 할지, 또 수목장 이외에도 잔디장이나 정원장 등 자연장의 다른 유형을 어떻게 조성할지, 주요 시설은 어떤 시설을 어느 정도로 조성할지 등 다양한 제반 여건이 상호 작용을 하게 되며 그 안에서 가장 적합한 안을 도출해 내는 것이 중요하다고 할 것이다.

그리고 그 각각의 고려요소들을 고려하는 과정에서 절대 놓치지 말아야 할 것이 바로 '자연'에 대한 부분이다.

그러나 수목장을 조성하는 입장에서 이와 관련해 고민할 수밖에 없는 지점이 있다. 바로 기존에 구성된 몇몇 자연장지 등이 보여준 한계 때문이다. 그것은 바로 자연을 최대한 살리기 위해 큰 훼손 없이 자연장지를 구성한다고 해서, 즉 자연성을 최대한 살린다고 해서 꼭 사람들이 그 자연장지를 가장 선호하지만은 않는다는 점이다.

때문에 공간적 질이나 미적 수준 등이 다소 수요자나 추모객의 기대치나 요구에 부응하지 못하게 되면 그 자연장지는 수목장 혹은 자연장지의 가치를 살리지 못하고 기존의 매장묘지의 한계를 답습하게 될 뿐이다. 일상과 격리된 수목장, 그리고 각종 명절이나 기념일 등 정해진 날에만 찾게 되는 수목장이 되는 것이다.

이 때문에 수목장은 기본 취지에 부합할 수 있도록 '자연 친화적'으로 구성되어 자연과 동화되는 분위기로 조성되면서도 다른 부가적인 요소를 통해 추모객이나 수요자 등으로 하여금 계속 오고 싶은 곳으로 만들기 위한 방안을 중점적으로 마련해야 한다.

그리고 그것이 수목장의 매우 중요한 요건이 된다. 쉽게 말해 수목장이 매력이 있어야 한다는 것이다. 좋은 수목원이 가져다주는 아늑하거나 힐링 되는 분위기, 밝고 아름다운 정원, 자연경관을 돋보이게 하는 수종구성, 고인을 추모할 수 있는 분위기, 추모객뿐 아니라 일반인들도 찾을만한 산책로 구비 등 미적이나 경관의 측면에 신경을 쓴 여러 조건들이 그 예라 할 수 있다.

또, 수목장에는 수목장에 적합한 시설물이나 공간 구성 등이 고려되어야 하는데, 수목장에 시설물을 만들거나 공간을 구성할 때에는 무엇보다 기본 취지를 살리는 방향을 전제조건으로 하여 계획 및 실행을 하는 것이 좋다.

먼저 자연을 크게 훼손하지 않는 범위 내에서 최대한 기존 지형을 유지해 공간 구분을 자연스럽게 하는 것이 좋다. 수목장에 기본적으로 존재해야 하는 공간은 추모공간과 휴게공간, 관리공간, 기타 편익공간 등이 있으며 이와 같은 공간이 각각 설정된 기능에 따라 구분될 때 서로 간의 유기적인 연계성이 가능하도록 하는 것이 좋다.

또, 가급적 인공구조물을 지양하고 그러면서도 이용자에게 일정 수준 이상의 편의를 제공할 수 있는 고려가 뒷받침되어야 한다.

◆ 관리의 중요성을 잊어서는 안 된다

관리도 분명히 중요시되어야 한다. 멋들어지게 잘 만들어진 수목장이 관리 부실로 인해 수목이나 잔디 등의 생육상태 불량으로 황폐한 모습을 보인다거나, 하층 식생 등이 파괴되어 황량한 모습을 연출하게 되는 경우, 또 산불이나 병충해 등 방재에 제대로 대처하지 못해 그로 인한 피해를 보게 되는 경우 해당 수목장의 전반적인 매력은 급감하게 될 것이다.

또한 대체목 등의 준비상태가 부실해 나무가 고사하였을 때 그에 빠르게 대처하지 못하는 경우 등도 수목장의 매력을 크게 저해하는 요소라 할 수 있다. 따라서 수목장에 필요한 조건으로는 조성 시에 고려해야 할 요소들에 더해 관리의 측면에서 고려되어야 할 요소들이 모두 포함된다고 할 수 있다.

특히 숲을 가꾸거나 수목장을 가꾸는 데 있어서는 더욱 각별한 주의가 필요하다고 할 수 있다. 숲을 유지 및 관리할 수 있는 전문 인력이 필수적으로 갖추어지도록 하여 언제나 현장 확인 후 적절한 작업지시를 할 수 있도록 해야 한다.

솎아베기 등을 하더라도 주변의 훼손을 최소화하는 방향 속에서 이뤄질 수 있도록 해야 하며 태양광을 잘 고려해 하층 식생 등의 생육이 원활히 이뤄질 수 있도록 해야 한다. 또, 관목은 되도록 제거하고 초화류가 잘 번식할 수 있도록 하거나 건전한 생육이 될 수 있도록 하여 쾌적하고 아름다운 숲 환경을 조성할 수 있어야 한다.

활엽수의 잠식 방지를 위해 침엽수는 임상별로 군상 배치를 할 수 있도록 하고, 소나무림의 경우에는 병충해 등 방재와 관련한 문제가 자주 발생할 수 있어 임목 훼손이 잦으므로 예비 추모목 등을 항시 마련해 두어야 한다. 또한 숲의 특성에 맞춰 간벌 방법을 선정하고 추모목의 간격도 수종별, 추모목 간의 최소간격을 마련해 그를 통해 적절한 관리를 할 수 있어야 한다.

◆ 추모목의 선정은 어떻게 하는 것이 좋을까

추모목을 선정할 때에는 주변 환경에 맞고 생육적 특성이 좋은 추모목을 선정해야 할 뿐 아니라 국민 정서에 부합하고 대중성이 높으며 현재 추모목으로 많이 활용되고 있는 종을 선정하는 것이 일반적으로 좋다고 할 수 있다.

생육적 특성과 관련하여서는 먼저 병충해 피해 등 물리적 피해의 발생률이 적은 수종과 장기간 생육이 가능해 안정된 생장을 기대해 볼 수 있는 수종, 뿌리의 생육과 관련하여 유골함 등이 지장을 주지 않는 심근성 수종 등이 좋다고 할 수 있으며, 일정한 간격을 유지하며 자랄 수 있고 향토수종인 경우 등이 추모목으로 추천되는 수종이라고 할 수 있다.

그리고 국민 정서와 대중적 특성에 관련하여서는 추모목에 대한 여러 선호 조사 등에서 전반적으로 두드러지게 나타나는 특성 중 하나인 '상록수 선호'를 주의 깊게 살펴볼 필요성이 있다.

국민들은 추모목을 고인과 동일시하는 경향이 있기 때문에 늘 푸른 나무를 선호하는 경향이 있다. 때문에 가장 선호되는 나무는 소나무로 소나무는 국민 정서와 대중성이 우수할 뿐 아니라 관리 측면 등에서도 우수한 대표 추모목이라 할 수 있다.

그렇지만 소나무를 중심 추모목으로 선정해 활용한다고 해도 단일 수종에 의한 수목장 조성 보다는 다양한 수종이 조화를 이루는 수목장이 경관적으로 우수한 특성을 보일 수 있기 때문에 기타 활엽수 등을 함께 조합하여 활용하는 것이 좋다.

■ 추모목 선정방법을 알아보자

① 추모목의 정의

추모목이란 수목장을 할 때 유골을 묻고 추모의 뜻을 기리는 나무를 말한다. 추모목은 일반적으로 수목장림의 식재에 따라 선택되긴 하지만, 고인의 개인적, 정서적인 성향이 작용하여 선택되기도 한다.

② 추모목 선정 기준

추모목을 선정할 때 가장 중요한 것은 추모목이 위치한 수목장림의 환경이 고려되어야 한다. 또 생육적 특성이 좋은 추모목을 선정해야 오랜 시간 고인을 기릴 수 있다. 이와 함께 국민 정서에 부합하고 대중성이 높으면서도 추모목으로 많이 활용되고 있는 종을 선정하는 것이 일반적이다.

우선 생육적 특성과 관련해서는 병충해 피해 등 물리적 피해의 발생률이 적은 수종을 선택하는 것이 좋다. 이런 수종을 선택해야 장기간 생육이 가능해 안정된 생장을 기대할 수 있다.

또한 유골함을 나무뿌리에 묻는 만큼, 뿌리 생육도 중요하다. 유골함 등에 지장을 주지 않는 수종을 선택하는 것이 좋다. 일정한 간격을 유지하며 자랄 수 있고, 향토수종인 경우 추모목으로 추천되기도 한다.

특히 우리나라의 경우 대중적으로 국민 정서상 추모목으로 선정할 때 '상록수'를 선호하는 경향이 두드러진다. 일반적으로 추모목을 선정할 때 고인과 동일시하는 경향이 있기 때문에 늘 푸른 나무를 선호하는 것이다.

이런 점에서 추모목으로 가장 많이 선호하는 수종이 바로 소나무다. 소나무는 국민 정서와도 부합해 대중성이 우수하고, 관리 측면에서도 다른 수종보다 수월하기 때문이다.

다만 수목장림을 조성할 때 획일적으로 상록수를 심는 것보다는 다양한 수종이 조화를 이루는 수목장이 경관적으로 우수한 평가를 받는다. 이런 점에서 최근 수목장림을 조성할 때는 상록수뿐만 아니라 기타 활엽수 등을 함께 조합하고 있다.

③ 추모목 수종의 비교 및 선정

앞서 언급한 것처럼 '추모목'을 선정할 때 가장 많이 선호되는 수종은 바로 '소나무'다. 다만 소나무를 추모목으로 선정했더라도 고려해야 할 사안이 있다. 무조건 소나무를 선택하는 것이 아니라 수목의 종류와 규격 등 다양한 측면으로 비교 검토해 다양한 종류의 소나무 수종을 선택하는 것이 좋다. 다만 기존의 자연경관과 어우러지는 수종으로 선정하는 것이 중요하다.

■ 주요 공간별 식재방향

– 휴게공간

휴게공간은 수목장림을 찾는 추모객들을 위한 공간으로 풍부한 녹음을 제공하는 데 주력해야 한다. 휴게공간을 도입하는 경우에도 도입공간 및 시설이용 시 불편이 없도록 해야 하며, 이런 점을 고려해 수형, 색채, 질감 등이 조화롭고 경관이 아름다운 수종으로 조성하는 것이 좋다. 특히 이런 점을 다 반영하기 위해서는 '군락형'을 기본으로 다양한 형태로 식재하는 것이 좋다.

– 추모공간

추모공간의 경우 경관미와 상징적 기능을 다 가져야 한다. '추모'라는 공간의 성격을 고려해 수형이 우수하며, 시각적 상징이 될 수 있는 수종이 좋다.

– 완충녹지 및 경관녹지

완충녹지나 경관녹지의 경우 자연형으로 조성하는 것이 좋다. 또한 방음의 기능도 갖춰야 한다. 이에 따라 지역 생태 특성을 반영해 식생을 도입하는 것이 좋다. 식재 방법도 지엽이 치밀한 수종 위주로 한 군식이나, 주변 경관과 어우러질 수 있는 자연방식을 선택하는 것이 좋다.

좋은 수목장
고르는 법

좋은 수목장을 고르는 기준이란 결국 앞서 이야기한 '수목장의 본질'과 '수목장이 갖춰야 할 조건'을 두루 갖춘 수목장이라 할 수 있다. 이번 장에서는 이를 하나씩 정리하여 살펴볼 수 있도록 하자.

◆ 등록된 수목장이 우선이다

허가받지 않고 운영 중에 있는 수목장 등이 문제가 되는 경우가 종종 발생하고 있는 것이 현실이다. 수목장이 활성화되기 시작한 지 얼마 되지 않아 아직도 시행착오를 거치는 초기 단계에 있기 때문에 그렇기도 하지만, 기본적으로는 특정 교인이나 종중 혹은 문중이 조성해 운영하는 사설 수목장 등이 문제가 되는 경우가 많음에 주목해야 한다.

　허가 없이 운영되는 곳은 그 안정성을 담보하기가 어렵고 관리의 측면에 있어서도 관할 당국의 제재를 받지 않기 때문에 어떤 문제가 발생할지 가늠조차 하기 어려운 것이 사실이다.

　특히나 수목장의 경우는 한번 문제가 발생하거나 훼손이 되면 복구가 거의 불가능에 가까운 특성을 지니고 있기 때문에 이를 더욱 중요시해 받아들일 필요가 있다. 아무리 다른 모든 조건이 좋다고 해도 허가 없이 운영되는 곳은 피할 수 있도록 하자.

　허가받지 않은 수목장이 경기 북부(포천 등)에 생각하는 것보다 많은 것이 현실인데, 그러한 미허가 업체에 더해 종교단체 등이 일부에 대해서만 허가를 받고 불법적인 영업을 하거나, 종교재단으로 일정 부분 허가를 받고 일반 재단법인을 설립해 해당 종교재단이 수목장을 운영하는 것처럼 소비자를 기망하는 행위 등이 불법 수목장의 대표적인 경우다.

　이러한 불법 수목장을 피하기 위해서는 수목장 관리사무실 내에 비치되어 있는 '묘지설치허가증'을 꼭 확인하여야 하며, 보다 확실히 하기 위해서는 관할 지자체에 문의해보는 것이 가장 좋다. 정식 수목장 업체라고 선전하는 경우도 위의 예처럼 일부만을 허가받은 경우가 상당히 많으니 지자체에 꼭 문의해보는 것을 추천한다.

그러한 업체 등을 피해야 하는 이유는 종교단체의 장지 조성 허가 시 자격증명을 위해 요구되는 서류가 종교단체 등록증 정도에 불과하기 때문에 이로 인해 군소종교단체가 난립하고 있는데 그러한 경우 위의 예처럼 영리 목적으로 종교단체로 등록하거나 명의를 대여하기까지 해 장지를 조성하는 경우가 발생 가능하기 때문이며 그로 인한 피해가 고스란히 이용자들에게 전가되기 때문이다.

종교단체의 등록이나 해산 등이 어느 정도 자유로운 면이 존재해 자연장지를 설치한 종교단체가 추후 해산을 하거나 등록을 취소하게 되면 관리 운영의 주체가 사라지는 문제가 발생할 수 있다. 또, 애초에 장지 조성 목적이 영리 추구 등에 있는 경우 편법·탈법 등을 통해 조성한 장지를 통해 영리를 추구한 뒤 바로 해산하고 다시 새로운 종교단체를 위시해 다시 장지설치허가의 주체로 등장하게 되면 그에 현재 법률상 제재할 수단 등이 없다는 사실에도 주목해야 한다.

◆ 수목장림의 조성 기준, 운영관리 사항 등을 꼼꼼히 살피자

수목장의 경우 그 조성 기준이나 운영사항 및 관리 사항 등이 명확히 규정되어 있고 투명하게 관리되는 곳을 선정하는 것이 좋다. 특히

사설 수목장 등의 경우에는 대부분 관리 주체가 이용료 등 적립금을 통해 해당 수목장을 운영하는 만큼 리스크를 방지하기 위해 규모나 이용객 현황 등을 꼼꼼히 따져야 한다. 이용료 등이 저렴하다고 해서 좋다고 할 수만은 없으며 오히려 터무니없이 저렴한 경우 등은 지양하는 편이 좋다. 봉안시설의 경우에는 관련된 보험 등이 존재하지만, 수목장은 관리위험의 수준이 높아 보험가입이 쉽지 않아 대부분 적립금으로만 운영하고 있기 때문이다. 또한 수목장 운영에 정확한 원칙을 가지고 운영되는 수목장을 선택할 수 있도록 하자.

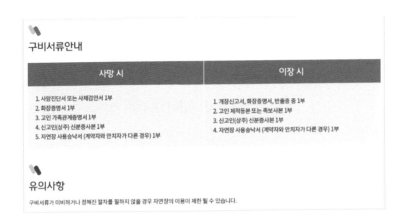

구비서류안내

사망 시	이장 시
1. 사망진단서 또는 사체검안서 1부	1. 개장신고서, 화장증명서, 반출증 중 1부
2. 화장증명서 1부	2. 고인 제적등본 또는 족보사본 1부
3. 고인 가족관계증명서 1부	3. 신고인(상주) 신분증사본 1부
4. 신고인(상주) 신분증사본 1부	4. 자연장 사용승낙서 (계약자와 안치자가 다른 경우) 1부
5. 자연장 사용승낙서 (계약자와 안치자가 다른 경우) 1부	

유의사항

구비서류가 미비하거나 정해진 절차를 필하지 않을 경우 자연장의 이용이 제한 될 수 있습니다.

▲ 재단법인 무궁화공원묘원의 이용절차

각 홈페이지의 이용안내 등을 꼼꼼히 살펴보면 절차가 명확한지,
어떻게 운영되고 있는지 자세히 알아볼 수 있다.

◆ 숲을 유지, 관리할 수 있는 기술과 조직이 있는가

언제나 잘 가꾸어져 늘 방문하고 싶은 수목장을 찾아내려 할 때에
는 무엇보다 숲을 유지하거나 관리할 수 있는 기술 및 조직이 갖춰져
있는지를 살펴볼 필요성이 있다. 이에 따라 산림관리를 전문으로 하는
기술자의 고용 관련 사항 등이 명시되어 있는 곳을 선택하는 것이 좋
다. 숲을 유지하거나 관리할 수 있게 되면 산불이나 병충해 등 방재에
제대로 대처할 수 있기 때문이다. 특히 일반적인 조경관리와 수목장의

관리는 차이가 있기 때문에 수목장의 특수성을 감안해 재선충에 대한 관리 등에 보다 철저한 전문성을 갖춘 인력 등이 있는 곳이 좋다. 여러 번 방문하여 실제로 꼼꼼히 숲의 관리 상태를 살펴보기도 하고 인력 등을 확인해 볼 수 있도록 하자.

◆ 추모목을 각별히 신경 쓰는 곳을 선택하자

추모목의 경우 숲을 이용한 자연장지의 경우에는 가급적 기존 산림의 나무를 이용하는 것이 바람직하나, 그렇지 않고 새로이 조성한 수목 장지의 경우에는 국민의 선호도에 따라 다양한 수종을 보유하고 있고, 그 조화가 아름다운 곳을 선정하는 것이 좋다. 또, 추모목의 운영 기간은 너무 짧지 않은 곳을 선택할 수 있어야 하며, 나무가 고사할 경우 등에 대비해 대체목 등의 준비가 잘 되어 있는 곳을 선정할 수 있어야 한다. 또한, 수목장의 특수성에 따라 각종 방재 관련 약품의 구비 등이 잘 되어 있는 곳을 선정할 수 있어야 하며 추모목은 수형이 아름답고, 병충해에 강하며, 수명이 긴 나무, 그리고 바람 등에 의해 잘 넘어지지 않는 나무 등을 활용하는 곳을 선택할 수 있도록 하자. 너무 아름다운 나무만을 선택하려다 보면 오히려 해가 될 수 있음을 명심해야 한다. 그에 따라 우리나라에 적합하고 사람들이 선호하기도 하는 수종으로는 소나무와 함께 우리나라 천연림의 주 수종인 참나무, 장수목으로써 곧은줄기를 가진 잣나무, 삼나무, 은행나무 등이 추천된다.

재단법인 무궁화공원묘원의 다양한 추모목

◆ 일반적인 도시민이 선호할만한 입지조건

입지조건 등의 경우에는 부지의 조건이나 경관 조건 등을 원칙이나 선호에 맞게 확인할 수 있도록 하고, 접근성 등을 따져볼 수 있도록 하는 것이 좋다. 그 밖에도 아름다운 숲의 자연 풍치림에 조성된 수목장이 좋으며, 수려한 주변 경관을 가지고 있고 자연재해위험 등이 적은 지역이 대체로 좋다. 또, 도시 근교에 조성되어 있어 접근성이 좋아야 하며 추모목으로 활용될 나무가 해당 수목장의 기후나 토양 등에 적합해야 한다.

다음으로, 각종 편의시설이나 문화공간 등이 큰 불편함을 초래하지 않도록 잘 마련되어있는 곳이 좋고, 소유자가 바뀔 가능성이 적은 수목장을 선정하는 것이 바람직하다. 수목장은 그 크기가 너무 크거나 작지 않은 곳이 좋은데 대략 1만 평 정도가 적합하며 집단 민원 등이 발생할 여지가 없는 곳이 좋다.

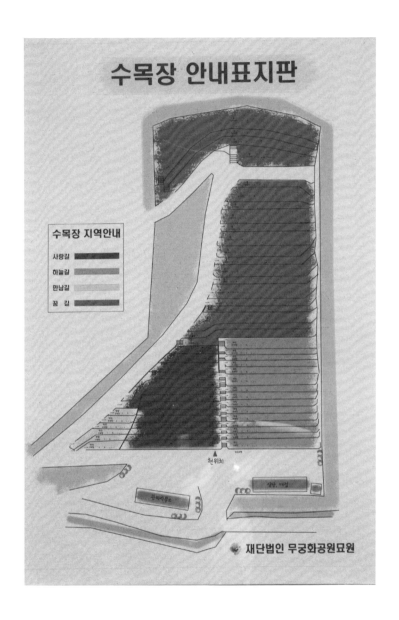

재단법인 무궁화공원묘원의 안내표지판과 실제 공원의 모습

수목장
준비하기

'수목장을 준비하는 것'은 중의적인 의미를 가질 수 있다. 한편으로는 수목장을 새로이 조성하려는 사람들이나 관련 정책을 다루는 정책 입안자들이 중요하게 여겨야 할 내용 등을 생각해볼 수 있다. 그리고 또 한편에는 실질적으로 수목장을 이용하게 될 우리들이 준비해야 할 것들은 어떤 것들이 있는지를 생각해볼 수 있을 것이다.

우리가 여기에서 이야기하고자 하는 것은 후자에 관한 것이다. 지금까지 수목장의 본질과 수목장이 갖춰야 할 조건들, 그리고 좋은 수목장의 기준이 될 만한 내용에 대해 다뤘다면 이제부터는 수목장을 이용하게 될 우리 자신들이 수목장을 생각하며 준비해야 할 마음가짐이나 태도, 자세 등은 어떤 것들이 있을지를 살펴보자.

사실 이는 대단히 중요한 의미를 가진다. 현재 수목장이 많이 늘어나고 있는 움직임을 보이는 모든 이유의 근저에는 수목장에 대한 국민들의 선호와 변화된 인식이 크게 자리하고 있다. 결국 앞으로 우리 사회에 좋은 수목장들이 많이 들어설 수 있도록 하는 데에는 무엇보다 국민들의 수목장에 대한 올바른 인식이 가장 큰 영향을 미칠 수 있을 것이라는 점을 우리가 꼭 염두에 둬야 한다. 수목장에 대한 국민의 생각이 얼마나 잘 정립되어 건강하게 기능하는지를 살펴보는 것이 앞으로 우리 사회에 좋은 수목장 문화가 잘 자리 잡혀 크게 번성할 수 있는지를 알 수 있는 가장 좋은 척도가 될 것이다.

그렇다면, 우리는 수목장에 대해 어떠한 마음가짐과 태도, 자세 등을 가져야 할까? 사안별로 살펴보기 전에 가장 먼저 생각해보아야 할 것들은 ①변화되고 있는 인구구조, ②더 이상 같은 모습으로 유지되기 어려운 '매장'으로 대표되는 종래의 '장례문화', ③'웰–다잉' 등이 될 것이다.

분명하게 우리는 현재의 고령화 추세와 저출산 추세 등을 통해 더 이상 '매장'에만 국한된 '장례문화'가 우리 사회에서 유일한 장례법으로 기능할 수 없음을 공감한다고 본다. 매장으로 인한 사회적 병폐가 더욱 심화되고 있고, 더 이상 이를 유지하기 어려운 구조적인 변화가 일어나고 있기 때문이다.

따라서 우리는 새로운 대안을 찾아야만 한다. 게다가 '웰-빙' 열풍의 촉발로 인해 '웰-다잉'에 까지 이르게 된 우리의 변화된 인식 등을 토대로 볼 때에도 마찬가지다. 우리는 '웰-다잉' 할 수 있는 새로운 대안을 찾고 있고, 앞서 이야기했던 각종 설문조사 등을 통해서도 그와 같은 인식은 전 연령대에 걸쳐 고르게 나타났다.

그런 변화의 소용돌이 속에서 '화장'의 붐과 '납골당' 등의 유행을 거쳐 결국 사람들의 시선이 '수목장'에 쏠리게 된 것이다. 그 이유는 명확하다. 3장의 대부분에서 이야기했듯, 수목장 자체가 가지는 매력이 매우 크기 때문이다. 기존의 '매장'이 가지고 왔던 갖가지 병폐를 해소할 수 있는 데다가 수목장 자체가 자연적이며, 보다 '웰-다잉' 할 수 있는 요인들을 스스로 내포하고 있는 등 지금 시점에서 우리에게 있어 가장 매력적인 대안이기 때문이다.

결국 그렇다면 우리는 그러한 상황인식을 토대로 수목장을 보다 우리 사회에 적합하고, 실질적인 '웰-다잉'을 이뤄낼 수 있는 것으로 만들어내기 위해 많은 고민을 해야 한다. 그리고 그 모든 고민의 전제와 기본 방향은 수목장이 '기존의 병폐였던 각종 사회문제를 해소할 수 있고', '자연 친화적이고 지속 가능한 활용이 가능할 수 있으며', '웰-다잉에 적합한 요소들을 내포할 수 있는지'에 초점을 두고 있어야 할 것이다. 어디까지나 잊지 말아야 할 것은, 이러한 우리의 생각과 논의가 결국 우리 사회에서 수목장이 미래에 어떤 모습으로 우리 곁에 존재하게 될지를 견인하게 될 것이라는 점이다.

그럼 본격적으로, 수목장의 '친환경성'에 대해 논의해보자. 물론 수목장이 친환경적인 매장법이라는 데에 큰 이견을 보이는 사람은 없을 것이다. 그러나 수목장도 친환경적이지 않은 방법으로 조성되어 활용되는 경우가 적지 않다. 오히려 자연을 심각하게 훼손하기도 하고, 조성된 이후에도 관리 부실이나 소홀 등이 있을 수 있다.

그로 인해 '공설'을 늘려가는 것이 바람직하다는 의견이나 사유지 보다는 운영의 안정성이 담보되는 국공유림에 수목장이 조성되는 것이 바람직하다는 의견 등이 있다. 그러나 일반 재단법인 등이 사유지에 조성한 수목장이라고 해서 '친환경적'이지 않은 것은 결코 아니다. 결국 진짜 문제는 무분별하게 무허가나 편법, 불법 등을 자행해 조성되는 수목장과 이익 창출만을 위해 난립하는 수목장, 환경에 대한 고민을 하지 않는 수목장이다.

따라서 우리가 '공설' 수목장만을 외치고 국공유림 수목장이 조성되기만을 바랄 필요는 전혀 없다. 그것은 본질적인 문제의 해결 없이 회피하는 것에 불과하다. 실질적으로 일반 재단법인 등이 사유지에 조성한 수목장이 수목장의 본질에 대한 진지한 고민과 '자연 친화에 대한 많은 고민을 통해 조성된다면 우리가 그를 반기지 않을 이유가 없다. 따라서 우리는 공설 등만을 외치기보다 적극적으로, 수목장과 '친환경'에 대한 확고하고 올바른 인식을 바탕으로 그를 소비하면 된다.

수목장이 친환경적으로 운영되기 위해서는 어떠한 요소들을 갖추고 있어야 하는지, 해당 수목장을 운영하는 운영 주체가 얼마나 많은 고민을 하였는지 등을 검증하고 알아보는 과정을 통해 좋은 수목장을 찾는 눈을 기르고 그를 이용할 수 있도록 한다면 이와 관련된 문제는 우리가 공설만을 외치지 않아도 알아서 해결될 것이며, 우리 사회에 여러 긍정적인 영향을 실질적으로 전해줄 것이다.

구체적으로 앞서 '좋은 수목장 고르는 법'에서 살펴보았듯 수목장의 허가와 관련된 부분은 꼼꼼히 챙겨볼 수 있도록 하고, 해당 수목장이 추모목 활용 등은 어떻게 하고 있는지, 표식 활용은 어떻게 하는지, 안치 방법은 어떠한지, 공동 추모목이나 가족 합장용 추모목 등은 어떻게 활용하는지, 숲과 나무 등을 관리하는 인력과 전문성은 어떠한지, 관리 이력이나 준비된 관리 매뉴얼, 관리 사항 등을 토대로 볼 때 관리 능력은 준수한지, 조성지역의 기존 환경이 잘 고려되었는지, 가급적 인공구조물이 지나치지 않고 자연의 훼손이 최소화된 조성이 되었는지, 주변 지형이나 수목을 최대한 활용해 자연 친화적으로 조성되었는지 등을 살펴볼 수 있어야 할 것이다.

그리고 이를 위해서는 사전에 무엇보다 이러한 각각의 내용에 대해 본인이 확실히 알아보고, 생각과 입장을 정리해 두어야 한다는 점을 명심해야 한다. 일에 닥쳐서는 이러한 세세한 내역들을 따져보기 어렵다.

따라서 '웰–다잉'을 위해서라도 미리 전부터 먼저 위에 제시된 각각의 내역을 준비하거나 그에 대해 올바르게 정립된 자신의 생각을 가질 수 있어야 한다. 먼저 자신의 추모목은 어떤 나무로 할 것인지를 정해두자. 그에 따라 이용자의 50% 이상이 생전에 추모목을 미리 구입하는 스위스의 경우처럼 자신도 미리 추모목을 준비할지를 검토해 보고, 자신이 미리 정한 수목장이 있다면 그 수목장이 위치한 환경을 토대로 볼 때 해당 추모목이 그에 적합한지도 친환경적으로 살펴볼 수 있도록 하자. 가급적이면 주변 지형이나 주변 수목을 최대한 활용하는 것이 좋기 때문이다.

또, 표식 등의 활용에 있어서도 나무로 부표를 만들거나 동판으로 부표를 만드는 경우, 합동으로 표식을 하는 경우, 나무에 성명이나 생년 등이 기록된 소형 칩을 부착하는 경우 등 안치자 표지 유형 자체가 매우 다양할 수 있기 때문에 자신의 취향에 맞게 미리 준비하고, 안치 방법에 대해서도 무 용기매장과 용기매장 중 자신의 가치관에 어떤 것이 맞는지, 자신의 선호가 용기매장이라면 생분해성 수지나 생화학적 분해 혹은 일본의 경우처럼 완전 분해되는 종이에 담아 매립하는 경우 등 여러 가능성 중에 어떤 것을 시행하는 수목장을 선택할지 등을 생각해 둘 수 있도록 하자.

공동 추모목이나 가족 합장용 추모목 등에 대해서도 미리 입장을 정해두면 좋다. 공동 추모목 등은 이용자의 선호가 다소 낮을 것으로 예상되고 있는데 이에 대해 자신이 그에 대한 거부감이 없고 오히려 앞으로 우리 사회에서 수목장이 보다 좋게 기능하기 위해 공동 추모목의 활성화가 필요하다고 생각해 그를 선택하는 경우도 얼마든지 있을 수 있다.

경우에 따라 그러한 경우는 보다 자신의 수목장을 뜻깊게 활용하는 예가 될 수도 있을 것이다. 가족 합장용 추모목 등은 선호는 높으나 그에 따라 관리 운영이 반 영구화될 수 있는 구조적인 특성이 있어 추가 봉안 수요에 대한 대처가 쉽지 않기 때문이다. 따라서 이에 대해서도 자신이 어떠한 방식을 선택할지 미리 고민해 둔다면 수목장의 발전을 긍정적인 방향으로 크게 견인할 수도 있을 것이다. 이 고민을 전적으로 유족의 몫으로 남겨 두게 된다면 유족에게는 정말이지 어려운 고민거리와 부담으로 작용하게 될 것이다.

수목장 등 자연장의 양태도 여러 가지가 있을 수 있다. 일반 묘지와 달리 비석이나 조형물을 설치하지 않는 것을 원칙으로 하며 친환경적인 고려를 크게 하는 은해사 수림장, 가족묘 중앙에 심어진 나무 밑에 유골을 항아리에 담아 최대 100여 기까지 매장할 수 있도록 하는 온누리 교회의 온누리 가족나무동산, 흙과 유골을 1:1 비율로 섞어 매장하는 자연공원으로 국내 최초 자연장을 표방한 가족공원으로 알려진 경북 영천의 경주최씨 문중 묘역인 인덕원 잔디장 등은 모두 각각의 다른 특성을 가지고 있다.

어떤 것이든 괜찮다. 다만 그 어떤 선택을 내리던 모든 선택의 전제에는 '기존의 병폐였던 각종 사회문제를 해소할 수 있고', '자연 친화적이고 지속 가능한 활용이 가능할 수 있으며', '웰−다잉에 적합한 요소들을 내포할 수 있는지'에 대한 자신의 생각과 관점이 확실히 존재하면된다.

수목장을 준비하는 것은 유족이 아닌 자신이 미리 준비할 수 있어야 한다. 또한 그때 '수목장의 본질'이 담고 있는 여러 가지 우리 사회에 긍정적인 기여를 할 수 있는 정신을 충분히 고려할 수 있다면 수목장의 본질을 살리는 발전을 도모하며 자신도 함께 '웰−다잉' 할 수 있는 아름다운 마무리를 할 수 있을 것이다. 지금까지 이야기했던 여러 요소들에 대해 진지하게 자신의 생각을 정리하고 미리 준비할 수 있도록하자. 당신의 아름다운 마무리를 기원한다.

4장

한국 장례문화의 미래
- 수목장 -

자신을 아름답게
장식하는 마무리

한국고용정보원에 따르면 앞으로 우리 사회에 '유품정리사'와 '그린 장례지도사' 등이 새로운 직업으로 등장할 것이라고 한다. 4차 산업혁명 시대에 대비해 새롭게 등장할 가능성이 높은 직업들을 분석한 결과에 따른 것인데 새삼 놀라운 결과가 아닐 수 없다. 고용정보원이 발표한 새로이 등장할 가능성이 높은 직업들은 크게 두 갈래로 나누어 생각해볼 수 있다.

특성	신 직업
저출산, 고령화 및 웰-빙과 웰-다잉	노년플래너, 유품정리사, 그린장례지도사, 반려동물 행동상담원 등
주거환경 혁신	주거복지사, 도시재생전문가, 주택임대관리사 등

행복한 삶 추구	산림치유지도사, 문화여가사, 정신건강상담전문가, 이혼상담사 등
문화 관련	문신아티스트, 1인 미디어 콘텐츠 창작자, 상품/공간 스토리텔러 등
안전, 보안의식 강화	기업재난관리자, 방재전문가 등
과학기술 혁신	AI 전문가, 빅데이터 전문가, 3D 프린팅 전문가, 드론 조종사, 사물인터넷전문가, 핀테크 전문가, 증강현실전문가 등

4차 산업혁명대비 신직업 현황 〈출처: 한국고용정보원〉

4차 산업 발전에 따른 AI 전문가나 빅데이터 전문가, 3D 프린팅 운영 전문가, 드론 조종사, 사물인터넷 전문가, 핀테크 전문가 등이거나 문신 아티스트, 1인 미디어 콘텐츠 창작자, 방재전문가, 기업 재난 관리자 등 새롭게 등장하는 산업 혹은 강화되는 정부 정책 등에 따라 등장할 것으로 예견되는 신 직업들이며 다른 한쪽은 모두 '삶의 질'과 관련된 새로운 직업들이다.

'웰-빙' 열풍은 우리에게 정말 많은 변화를 가져다주었다. 사회 전반적인 의식의 변화가 크게 일어났을 뿐만 아니라 고령화 추세와 맞물려 돌아가며 실질적인 사회 변화도 끌어냈다.

■ '건강과 웰-빙'에 대한 국가별 인식 조사

글로벌 헬스케어기업인 시그나 그룹은 우리나라와 인도, 미국 등 전 세계 23국에 살고 있는 만 18세 이상 성인 1만 4,467명(한국 1,000명)을 대상으로 건강, 사회관계, 가족관계, 재무, 직장 등 5개 부문에 대한 만족도 조사를 실시해 국가별 '웰-빙 지수'를 종합해 발표했다.

총 4회차를 맞는 이 조사에서 우리나라는 2015년 한 해를 제외하고는 모두 최하위를 기록했다. 이번 2018년 조사국 전체의 평균이 61.2점보다도 한국은 10점 가까이 낮은 51.7점을 기록했으며 이는 한 단계 위인 홍콩에 비해서도 5점이나 낮은 수치다.

51.7	52.3	51.7	53.2	43.4	59.5
평균	건강	사회관계	가족관계	재무	직장

세부항목에 대해 자세히 살펴보면, 우리나라는 건강, 사회관계, 가족관계, 재무상황 등 대부분의 항목에서 절반 수준의 만족도를 기록하였으며 그나마 최근 들어 '워라밸(Work & Life Balance)' 혹은 주 52시간 근무제 도입 등으로 정치·사회적인 관심을 받고 있는 '직장' 관련 항목만 전년 대비 소폭 상승한 59.5점을 나타냈다.

이러한 조사의 결과는 우리에게 시사하는 바가 참으로 크다. 우리가 그토록 웰-빙과 웰-다잉 등에 더욱 크게 열광하는 이유가 여실히 드러나기 때문이다. 결국 삶이 피폐하다고 느끼고 현실에 만족하지 못하는 사람들이 상대적으로 많은 우리의 경우 앞으로도 웰-빙이나 웰-다잉 등 삶의 만족을 찾기 위한 각종 노력과 관심이 더욱 깊어질 전망이다.

순위	국가	2018 웰-빙 지수
1	인도	70.4
2	나이지리아	65.1
2	사우디	65.1
4	멕시코	63.8
5	미국	63.7
5	중국	63.7
7	브라질	61.7
...		
21	대만	57.2
22	홍콩	56.8
23	대한민국	51.7

'건강과 웰-빙' 인식 국가 순위표. 대한민국은 51.7점으로 최하위를 기록했다.
〈출처: 라이나생명[1]〉

---

1) http://www.fntimes.com/html/view.php?ud=2018071011023431395e6e69892f_18

신체적인 건강에 더해 정신적인 건강으로, 사회 보장 제도 등 복지 강화로, 장례문화 등 종전에는 터부시 되었던 문화의 개선 혹은 개혁으로, 그 변화의 물결은 활동 범위를 넓혀가며 아주 거세게 일어났다. 새롭게 등장할 것으로 예상되는 직업군에 삶의 질과 행복한 삶을 추구하기 위한 직업이 대폭 늘어날 것으로 예상되는 이유도 그와 관련이 깊다고 할 수 있다.

우리가 이 가운데 가장 중요하게 살펴보아야 할 것은 그와 같은 일련의 변화 속에 급격하게 변화하고 있는 우리의 '인식'이다. 유품관리사나 그린장례지도사가 새롭게 등장할 직업으로 예측되는 것이 그리 이상하지 않고 당연하게 받아들여지는 우리의 변화된 인식 말이다.

사실 유품정리사 등은 최근 문제시되고 있는 고독사 등을 처리하기 위해 등장한 직업으로 유품을 정리해줄 이 없는 이들의 유품이나 재산을 정리하는 일을 하며 일본의 경우 이미 이와 관련해 5,000여 개 업체가 성행 중이다.

또 그린장례지도사는 수목장이나 납골당 등 사회적으로 각광받고 있는 자연 친화적 장례법을 가이드하는 직업으로 이러한 두 직업은 기존의 시각에서는 아주 먼 미래에 어쩌면 등장할지도 모르는 기상천외한 직업으로 소개되었을 만한 직업이다. 그럼에도 불구하고 그러한 직업들은 이미 등장했거나 관련된 유사한 업무를 수행하는 사람들이 이미 존재하는 직업이다.

지난 2010년 법정 스님이 타계하시고 난 뒤 장례가 수목장으로 행해진 것이 알려졌을 때 우리의 인식은 어떠했는가. 앞서 2장에서 살펴보았듯 김장수 고려대 명예교수와 간디학교 설립자 양영모 이사장이 자신의 장례법으로 수목장을 택하였을 때 우리의 인식이 어떠했는가 말이다. 물론 그때에도 여러 가지 긍정적인 의미에서 우리 사회에 던지는 메시지가 신선하면서도 컸고 의미 있는 선택으로 받아들여졌지만, 어디까지나 그러한 선택들은 대중의 현실과는 다소간의 거리가 있는 일이었다. 현실이 그를 뒷받침하지 못하였고 우리의 인식도 그러한 선택을 선뜻하기란 쉽지 않았다.

그러나 지금 우리의 인식은 이미 그를 넘어선 상태다. 수목장이 대중의 선택을 받고 있을 뿐 아니라 그에 담긴 정신과 그를 선택하는 인식의 수준은 이미 극히 대중적인 것이 되었다.

법정 스님은 몸담고 계시던 전남 순천시 송광사의 불일암 계단 옆에 1975년 직접 심고 기르신 높이 12m의 목련나무 아래에서 생의 '아름다운 마무리'를 맞이하셨다. '아름다운 마무리'란 법정 스님의 저서 이름이다. 당시만 해도 아름다운 마무리라는 제목이 꽤나 의미 있고 신선한 제목으로 받아들여졌던 모양이다. '웰-빙' 열풍을 타고 한창 '웰-다잉'이 우리 사회에 작은 화두들을 처음으로 조금씩 던지기 시작했을 때이니 물론 그렇다고 할 수 있을 것이다.

그러나 지금은 어떠한가. 법정 스님 등 특별한 인식을 가지신 분들의 삶의 자세, 죽음을 대하는 자세 등으로 받아들여졌던 '웰-다잉'을 둘러싼 인식은 더 이상 고차원적인 것이 아닌 극히 대중적인 인식으로 받아들여지고 있다.

이미 화장률이 80%를 넘어서고 수목장이 많은 이들에게 각광받고 있는 세상이다. '아름다운 마무리'는 특별한 이들의 전유물이 아니라 일반 대중 모두가 지극히 당연하게 이행하게 될 삶의 마무리로 인식되고 있다.

과거 조선시대 왕실에서는 신분의 높낮이에 따라 조상을 봉사(奉祀)하는 일에 차등을 두도록 했다고 한다. 또한 얼마 전까지만 해도 우리는 풍수지리를 내세우며 봉분을 크게 짓거나 진귀한 재료로 경쟁하듯 커다란 묘비를 쓰는 일이 평범한 장례문화의 일상 중 하나였다.

그리고 그에 담긴 인식이나 정신이 당연한 것으로 받아들여졌다. 그러나 지금은 어떠한가. 지금도 그러한 일련의 일들을 둘러싼 과거의 인식이 아름답게 보이는가. 물론 모두 우리의 문화이고 우리가 그를 존중해야 한다는 점에 있어서는 이견이 없다.

그러나 어디까지나 사람들은 이제 그에 담긴 정신과 그를 행하기 위해 수행해야 하는 일련의 일들이 지금의 현실이나 시대정신에 맞지 않다고 느끼고 있다. 앞서 살펴보았던 여러 설문조사의 결과를 통해서도 그에 대한 사회적 공감은 증명되고 있는 것이 현실이다.

떠나간 이와 떠나보낸 이들이 삶의 현장과 묘지로 극렬히 나뉘게 되는 종래의 장례문화, 떠나간 이와 떠나보낸 이들이 공존할 수 없는 종래의 장례문화, 떠나간 이로 인해 떠나보낸 이들이 떠맡게 될 각종 부담과 병폐가 갈수록 심각해지는 종래의 장례문화는 더 이상 우리에게 아름다운 마무리로 여겨지지 않는 것이다.

1998년 폐암으로 병마와 싸우던 SK 최종현 회장은 연명치료를 거부하고, 집에서 통증을 다스리며 아름다운 마무리를 준비했다. 그리고 자신을 화장해달라는 뜻을 밝혔다. 이는 "내가 죽으면 화장하고, 훌륭한 화장시설을 지어 사회에 기부하라. SK가 장례문화 개선에 앞장서 달라"는 최종현 회장의 평소 소신에 따른 것이었다.

SK는 이후 최 회장의 유지를 받들어 총 공사비 500여 원을 들여

충남 연기군 세종시의 은하수 공원에 장례문화센터를 조성했다. 또, 최근에는 LG 구본무 회장이 자신의 장례법으로 수목장을 택하여 우리 사회에 큰 울림을 주었다. 우리는 지금, 그러한 마무리를 '아름다운 마무리'로 여기고 있다.

두 회장의 '아름다운 마무리'에는 두 가지 공통점이 있다. 하나는 자신이 직접 자기 생의 마무리를 결정했다는 점이고, 다른 하나는 떠나갈 자신과 남을 사람들이 공존할 수 있도록, 자신뿐 아니라 남아있을 사람들 모두를 생각하는 의미 있는 마무리를 했다는 점에 있다. 우리가 '웰-다잉'을 말할 때, 가장 중요하게 생각해야 하는 지점 중 하나는 바로 '스스로' 자신의 마무리를 결정하는 부분이다.

최근 들어 곳곳에서 임사체험을 할 수 있는 기회가 늘어나 임사체험을 경험하는 이들도 늘고 있는데 임사체험을 통해 많은 것을 느꼈다는 사람들이 하나같이 이야기하는 공통된 이야기도 바로 그와 관련된 것이다. '마무리를 잘해야겠다.', '나의 생을 스스로 잘 정리할 수 있도록 해야겠다.' 등의 반응이 바로 그것이다. 임사체험을 하게 되면 이러한 생각이 가장 많이 든다고 한다.

결국 임종을 더 이상 우리가 기피해야 할 대상이 아니며, 누구에게나 한 번쯤은 꼭 찾아오는 일로 담담히 준비해야 할 과정으로 인식해 그를 잘 준비해야겠다고 생각하는 사람들이 늘고 있는 것이다. 이는 죽음에 대한 우리의 인식이 매우 달라진 것을 의미할 뿐 아니라, 우리가 죽음이라는 것을 조금 다른 차원에서 바라보게 되었다는 의미도 된다.

'웰-다잉'을 위해서는 '웰-빙' 해야 하고, '웰-빙'을 하게 되면 '웰-다잉' 할 수 있다는 이야기가 우리에게 와 닿기 시작한 것이다. '삶과 죽음이 별개가 아니다.'라는 내용의 이야기는 오랫동안 여러 현인들을 통해 등장했던 주제였다. 그러나 일반 대중들이 죽음에 대해 가지는 태도는 어디까지나 삶과 죽음이 대척점에 있는 것으로만 받아들여져 왔었다. 그러나 우리는 지금, 이러한 인식에서 완전히 벗어나게 된 것이다.

또한, '아름다운 마무리'의 다른 한 축에는 남아있을 이들을 생각하는 배려의 문화가 함께 자리하고 있음을 꼭 명심해야 한다. '웰-다잉'을 하려 하고, 자신의 장례법을 고민하는 일련의 일들이 모두 '자기 자신'만을 위한 일일까? 전혀 그렇지 않다.

일례로 '수목장'이 새롭게 등장한 매력적인 장례법으로 각광받는 이유 중 하나가 '자연 친화'의 가치인데 이는 온전히 망자를 위한 일이 아니다. 그럼에도 불구하고 우리는 자연을 위해 자신의 장례법을 '수목장'으로 선택하는 이들을 최근 들어 상당히 많이 목격하고 있다.

또, 기존의 묘지난으로 인해 문제가 되었던 국토 황폐화나 묏자리 문제, 또 그로 인한 여러 사회적 갈등 들을 해소하려는 마음을 가지게 된 것도 모두 같은 선상에서 보아야 한다. 이들은 모두 더 이상 자신으로 인해 후손들이 조금이라도 피해를 보지 않고, 보다 쾌적하고 행복한 삶을 영위하며 그런 삶 속에서 떠나간 자신을 온전히 깊게 추억할 수 있기를 바라는 것이다. 벌초나 성묘 문제로 인해 애쓰지 말고 언제나 기쁜 마음으로 자신을 찾아오고 자신을 추억하며 자신을 잊지 않고 느끼기를 바라는 것이다.

이는 함께하고픈 마음의 발로다. 바로 '공존'이다.

종래의 '묘지'는 어디까지나 산 자의 땅과 죽은 이의 땅이 서로 완전히 대립된 공간에서 니뉘어 존재하는 경계를 뚜렷하게 가지고 있었다. 각종 무서운 이야기에 등장하는 소재가 묘지 혹은 공동묘지와 관련된 것이었고, 과거에는 종종 담력훈련도 공동묘지에서 행해졌다. 그러한 일들은 모두 묘지는 무섭고 두려운 곳, 삶과 동떨어진, 죽음의 공간으로 우리에게 인식되었기 때문에 가능한 일이라 할 수 있다.

그러나 지금의 '수목장'은 달라졌다. 그리고 죽음에 대한 인식마저 바꾸려 하고 있다. 떠나보낸 이를 위한 공간보다 남아서 그곳을 찾아올 이들을 배려하는 것들이 더욱 많이 고려되고 있다. 아름다운 경관을 가지고 공원처럼 예쁘게 꾸며져 있으며, 산책로가 구비되어 자주 찾고 싶은 곳이 수목장 중에서도 가장 인기다. 후손들과 가족들에게 최대한 부담을 주지 않고, 항상 자신을 찾아올 때 긍정적으로 기분 좋게 찾아올 수 있기를 바라는 마음이 고스란히 담겨 있다. 자연을 잘 살린 그 공간은 찾아올 이들에게도 즐거운 공간이 된다.

우리는 수목장에 담긴 '공존'의 정신, '의미 있는 마무리'를 위한 배려를 통해 '웰–다잉'이 지향하는 중요한 가치를 알아볼 수 있다. '웰–다잉'은 앞서 이야기했듯 '스스로' 자신의 마무리를 잘해낼 수 있어야 할 뿐 아니라, '의미 있는 마무리'가 될 때 가능한 일이 된다.

그런 의미에서 수목장은 우리에게 더할 나위 없이 '웰–다잉'에 적합한 '의미 있는 마무리'가 된다. 사실 수목장은 지금 우리가 '웰–다잉'에 대해 가지고 있는 시대정신 하에서 이보다 더 안성맞춤인 마무리가 있을까 싶을 정도로 가치 면에 있어서도 어느 곳 하나 빠지는 곳이 없다.

'죽음'을 낯설지 않은 것, '삶'의 자연스러운 단계로 인식하게 된 생각이 고스란히 '나의 마무리가 어떠할 때 가장 의미 있는 마무리가 될까'로 이어져 온 흐름 속에서 사람들이 수목장을 크게 주목하게 된 이유도 바로 거기에 있다. 공존의 가치, 배려의 가치, 자연 친화의 가치를 모두 포함하고 있는 수목장이 '의미 있는 마무리'의 상징이 된 것은 너무도 당연한 일이다.

　'늙은 코끼리는 어떻게 죽는가. 죽음이 다가오고 있음을 느끼면 무리에서 홀로 떨어져 나와 밀림 깊은 곳에 있는 '코끼리들의 무덤'을 찾아간다. 그곳에는 이미 죽은 코끼리들의 뼈와 상아들이 작은 산처럼 수북하다. 죽음을 맞이할 코끼리는 그 위에 자신의 몸을 고요히 눕힌다. 장엄한 광경이다. 코끼리는 그렇게 생을 마감한다.'

　이는 일본의 저널리스트인 치바나 다카시의 책 「죽음은 두렵지 않다」에 수록된 내용의 일부이다. 다카시가 소개한 코끼리의 일화는 지금을 살아가는 우리에게 작은 울림을 전달해 준다. 당신 스스로 하나하나 고민해 질 준비한 마무리를 통해 '웰-다잉'에 이를 수 있을 것인가. 또한 남아있을 이들을 배려하고 그들과 함께하려는 마음이 담긴 '의미 있는 마무리' 또한 이뤄낼 수 있을 것인가. 이는 모두 당신 '스스로'에게 달렸다.

생명과 자연을
중시하는 예식

'의미 있는 마무리', 그리고 배려와 공존의 가치를 고스란히 담고 있는 수목장은 생명과 자연을 중시하는 장례법이다. 자연의 가치와 산림의 가치가 더없이 높아지고 있는 지금의 현실에서 수목장은 그러한 이유 때문에 우리에게 선호될 뿐 아니라 '의미 있는 마무리' 방법으로 높이 평가받고 있는 것이다.

사실 산림은 우리에게 있어 정말이지 소중한 자원이다. 오랫동안 자원이 나지 않는 나라로 인식되어 사람을 주된 자원이라 부르며 '인적자원'이라는 말을 붙이며 중시했던 우리나라로서는 산림이 자원화된다는 것은 매우 반길 만한 일이다.

최근 들어서는 헌법 개정 움직임에 발맞춰 헌법 전문에 산림자원의 가치에 대한 이야기를 넣어야 한다는 이야기가 일각에서 나올 정도다. 사실 우리나라의 산림들은 얼마 전까지만 해도 황폐화된 민둥산의 모습이었다. 과거 목재를 땔감으로 썼던 시기의 여파가 여기까지 이른 것이다.

그런 우리의 산림이 나무 심기 정책이나 산림녹화 사업 등의 큰 성공으로 지금과 같은 모습을 찾게 된 것은 정말 다행스러운 일이다. 그리고 지금 바로 이 시점에 수목장이 우리 앞에 등장하게 된 것은 우리에게 있어서는 더할 나위 없이 좋은 운명적인 일이 아닐 수 없다.

우리 산림은 임업의 발전에 더해 이제 더욱 큰 부가가치를 창출해야 하는 중대한 시점에 와 있다. 우리 국토의 대부분을 차지하며 우리 스스로 잘 일구어낸 우리 산림을 보다 경쟁력 있는 자원으로 만들어낼 수 있느냐의 기로에 서 있다.

그러한 상황 속에서 수목장의 활성화는 아주 큰 역할을 해낼 수 있다. 산림청에 따르면 2014년 한해를 기준으로 산림의 공익적 가치를 평가한 결과 우리 산림이 우리에게 매년 126조 원에 해당하는 유무형의 가치를 제공해 준다고 한다. 그중 그래도 많이 발전한 임산물 생산액이 차지하는 분량이 9조 2천억 원이라고 하니 산림이 그 이외에도 우리에게 정말 많은 것들을 제공하고 있음을 확실히 알 수 있다.

산림이 제공하는 기능으로는 열섬을 완화하는 기능, 온실가스 흡수 기능, 대기질 개선 기능, 토사붕괴 방지 기능, 산림 정수 기능, 생물의 다양성 확보, 산소 생산, 산림 치유, 토사 유출 방지, 산림 휴양, 산림 경관, 수원 함양 등 모두 열거하기 쉽지 않을 정도로 많다.

또한 그 가치들은 해가 갈수록 높아가고 있다. 최근 들어 크게 문제가 되고 있는 미세먼지 문제에도 산림은 큰 기여를 할 수 있다. 더군다나 현재 세계가 주목하는 문제 중 하나인 기후변화 문제나 에너지 위기, 생물의 다양성 문제 등을 해결하는 데에도 산림만 한 것이 없다. 산림은 그 자체만으로 복잡다단하고 거대한 생태계이기 때문이다.

산림 안에서는 우리가 미처 파악하시 못하는 사이 정말 많은 일들이 일어난다. 산림을 이루는 흙과 물, 그리고 대기 속 공기와 태양이 제공하는 햇빛 등이 서로 유기적으로 순환하며 산림 안에서는 무기물을 먹고 무수한 미생물들이 성장하고 이끼나 풀, 나무 등이 하나의 거대한 사회를 이루고 있다.

그 사회 안에는 아주 복잡다단한 먹이사슬이 존재하고 산림을 기반으로 여러 동물들도 살아간다. 따라서 산림은 그 자체를 잘 보존하기만 하면 지속 가능한 생태계를 끊임없이 유지할 수 있는 생태계의 보고라 할 수 있다. 우리는 그와 같은 산림을 지속 가능하게 유지하며 망가뜨리지 않게 잘 관리만 하게 되면 자연과 환경을 살리는 선순환을 이뤄낼 수 있다. 이는 그 어떤 과학적 발전으로도 아직 범접하지 못한 자연의 힘이다.

때문에 환경문제가 크게 대두하고 지속 가능한 개발 등이 이미 우리 사회의 기본 상식으로 자리 잡은 오늘날, 산림의 가치가 더없이 높아지게 된 것이다. 그리고 그를 더욱 경쟁력 있게 만들고 발전시킬 수 있는 방안 중 하나가 바로 수목장이다.

더군다나 수목장은 산림 자체를 더욱 가치 있게 활성화 시키면서도 그동안 우리 산림발전을 저해했던 무분별한 묘지 난립의 문제를 해결할 수 있는 방안이니 칭송하지 않을 수 없다. 우리나라 전역에 분포하는 2,100만기의 묘지로 인해 발생하는 경제·공익적 피해가 연간 총 1조 4천억을 상회하고 그와 동시에 발생하는 사회적 비용도 대단히 큰데 이 문제를 모두 해결하면서도 우리 산림자원을 더욱 강화할 수 있는 방안이 수목장의 활성화인 것이다.

결국 수목장이 시대의 대세가 되고 우리가 수목장을 좋은 장례법으로 인식하게 된 것은 이러한 흐름 속에 일어난 일이라 할 수 있다. 우리가 도시화된 사회 속에 살아가게 되면서 자연을 갈망하게 되고 미세먼지 문제 등 각종 환경문제가 실질적으로 우리 삶에 악영향을 끼치게 되면서 시대를 살아가는 사람들의 의식이 갈수록 친자연적인 사고를 하게 되었다.

이미 도시에 사는 아이들의 아토피 문제나 각종 알레르기 등의 문제는 고착된 지 오래가 아닌가. 때문에 새로운 대안 장례법을 떠올릴 때에도 사람들이 가지는 자연에 대한 관심이 그대로 투영된 것으로 보아야 한다.

그 때문에 수목장이 배려의 장례법으로 평가받는다. 자연에서 와다시 자연으로 돌아간다는 취지로 자신에게도 좋지만, 무엇보다 이런 면에서 수목장은 후손들에 대한 배려다. 특히나 최근 들어 '산림복지'라는 말이 등장할 정도로 산림을 통한 다양한 치유활동 등이 거듭해 발전을 이어가고 있기 때문에 그 배려를 통한 가치는 더욱 높아지고 있다. 종전에 산림을 대표하던 휴양가치에 더해 요즘에는 보건이나 문화, 교육 등 복지 측면에서 다양한 가치가 산림을 통해 파생되고 있다.

숲 해설가와 유아숲지도사, 숲길체험 지도사, 산림치유 지도사 등이 최근 자격을 부여받고 연수활동을 통해 양성되고 있는 산림복지 전문가의 예이다. 이와 같은 직업들은 복잡다단한 일상을 벗어나 숲에서

활동과 체험 등을 통해 건강하고 행복한 삶을 영위하고 싶어 하는 국민적 수요를 정부와 각종 단체 등이 읽어낸 결과물이라 할 수 있다.

또한, 암으로 투병 중인 환자 등 청정지역에서 전문가들과 함께 치유하는 삶을 살고자 하는 사람들을 위해 산림치유원이 개원하기도 했다. 산림치유원은 1,500억원을 들여 지어진 우리나라를 대표하는 숲 치유시설로 건강증진센터와 수(水) 치유센터, 음이온 치유정원, 맨발치유정원, 이온치유정원, 향기치유정원, 등산치유숲길, 산악 스포츠 치유숲길 등이 조성되어 있다.

'당신이 떠난 세상, 당신의 아름다운 마무리로 인해 당신을 사랑했던 많은 이들이 보다 쾌적하고 좋은 환경에서 살아갈 수 있습니다. 감사합니다.'

이는 수목장의 본질적인 가치 중 생명과 자연을 중시하는 예식으로의 가치가 잘 표현된 말이라 할 수 있다. 자연을 훼손하지 않고 살리는 예식, 무수한 생명들을 새로이 잉태하는 산림을 살리는 예식, 떠난 이와 남은 이가 서로 구분되지 않고 '함께' 살아가는 터전을 만들어 주는 예식, 앞으로 세상을 살아갈 후손들에 대한 따뜻한 마음이 담겨 있는 예식, 수목장에 대해 우리가 주목하고 수목장의 가치를 깊이 새겨야 하는 이유다.

남은 이들의
심리적 치료 과정

"전에 왔을 때보다 나무가 좀 더 자랐어요. 잎도 풍성하니 건
강하게 잘 자라고 있네요. 생전에 아프셨던 우리 엄마가 꼭
건강하게 잘 지내고 계신 것만 같아 마음이 참 좋아요."

수목장을 통해 어머니를 보내드린 한 딸의 이야기다. 병마에 힘들어
하셨던 어머니는 경치 좋고 해가 잘 드는 곳에 수목장으로 자신의 장
례를 치러 주기를 바라셨다고 한다. 그렇게 어머니가 하나의 나무를 품
에 안은 것이 벌써 3년이 지났다. 이후 수목장에 대한 만족도를 위처
럼 대답한 것이다.

우리가 수목장에 대해 자연의 가치 등 다양한 가치를 부여하지만

무엇보다 남은 이들에게 수목장이 가지는 가장 중요한 가치는 바로 위의 예와 관련된 가치라 할 수 있을 것이다. 바로 남은 이들의 심리적인 치료로서의 가치다.

수목장이 '웰-다잉'을 가능케 하는 가치를 지니는 이유 중 하나는 구조적으로 우리나라에서 수목장은 본인이 자신의 장례법을 직접 결정해 이뤄지는 경우가 대부분이기 때문이다. 즉, 생전에 자신의 마무리에 대해 깊이 고민하고 성찰한 결과로 수목장을 선택하는 경우가 많은 것이다.

이는 자기 자신의 '웰-다잉'을 위해서도 매우 중요한 과정이지만, 이 과정은 앞으로 이 세상을 살아갈 남은 이들에게도 매우 중요한 과정이 된다. 최근 들어 사전연명의료 의향서나 연명의료 계획서 등을 작성하는 일이 늘고 있는 것도 바로 그러한 가치를 담고 있다고 할 수 있다. 이러한 일련의 과정에 담긴 정신은 물론 자기 자신의 마무리를 위한 것이 되지만, 그에 더해 유족 등 함께 마무리를 준비하는 이들도 이 과정을 함께 하고, 고인의 생각을 나누며 함께 마음의 정리를 할 수 있게 된다.

건강할 때 미리 쓰는 사전연명의료 의향서는 제도 시행 4개월 만에 2만 7,417명이 신청해 큰 호응을 얻고 있고, 말기 환자 등의 의사 표시에 따라 담당 의사가 작성하는 연명의료 계획서도 제도 시행 직후 4천여 건이 접수되는 등 관심을 크게 끌고 있다.

모두 '웰-다잉'을 위한 고민 끝에 나온 결과물들이라 할 수 있을 것이다. 그리고 그 과정의 마무리엔 '수목장'이 있다. 결국 우리가 과거에 호상이라고 불렸던 무병 그리고 장수의 조건에 더해 최근에는 '웰-다잉' 하기 위한 조건들이 함께 고려되는 것이다.

그렇다면 수목장이 과연 남은 이들에게 어떠한 측면에서 심리적인 도움을 주는 것일까. 우리가 주목해 보아야 할 지점은 크게 두 가지다. 하나는 상실감을 해소할 수 있도록 해 주는 것이고, 다른 하나는 안타깝게 떠나보냈다는 마음이 들지 않도록 해 주는 것이다. 이는 모두 우리가 사랑하는 이를 떠나보낸 뒤 가장 크게 힘들어하게 되는 두 가지 측면이다. 수목장은 가장 대표적인 아픔을 치유할 수 있도록 해 주는 것이다.

먼저 살펴볼 것은 상실감의 해소 측면이다. 이는 여러 설문조사를 통해서는 물론 주변에 수목장을 통해 고인을 떠나보낸 많은 이들이 공통적으로 이야기하는 가장 대표적인 수목장의 장점이다. 나무가 커가는 것을 보며 고인을 느낄 수 있고, 우뚝 서 잘 자라고 있는 나무를 보며 생명을 느끼고 그를 통해 위안을 받게 된다는 것이다. 이는 묘지나 납골당 등에서는 느낄 수 없는 대단히 위대한 가치다.

사실 이른바 '무서운 이야기'들에 묘지가 크게 등장하는 이유나 담력훈련으로 공동묘지 등이 활용되는 이유는 그 형태가 원인이다. 묘지의 생김새 자체가 생명이나 살아있음을 느끼기 어려울 뿐 아니라 우리에게 친숙하지도 않으며 단지 망자를 모시고 있음을 표현하는 특수한 생김새에 불과하기 때문이다. 그 때문에 우리는 특히 밤에 묘지 근처에 가는 것을 두려워하며, 묘지가 있는 공간은 산자가 공존하기 어려운 공간이 된다. 삶의 세계에 쉽사리 다가설 수 없는 형태가 바로 묘지다.

그러나 수목장은 그와 정반대의 가치를 가진다. 언제든 만나러 가고 싶고 우리의 삶에 친숙한 존재이며 실제 자라나는 모습과 계절에 따라 모습을 달리하는 것을 지켜보며 생명과 살아있음을 느낄 수 있는 것, 나무 냄새를 느끼고 나무에 기대어 보기도 하고 실제 고인을 안아보는 것처럼 나무를 안아볼 수 있는 것 이러한 가치를 수목장이 고스란히 가지고 있는 것이다.

형태의 작은 변화로 이처럼 정반대의 양상이 펼쳐질 수 있게 되는 것이다. 죽어있는 것이 묘지라면 살아있는 것이 나무이고, 무서운 것이 묘지라면 사랑스러운 것이 나무이고, 친숙하지 않은 것이 묘지라면 자연스럽고 친숙한 것이 나무인 것이다. 나무를 보면 떠나보낸 이가 바로 떠오르고, 나무가 바람에 흔들리면 떠나보낸 이가 손을 흔드는 것만 같은 느낌, 상실감은 그렇게 수목장을 통해 크게 해소될 수 있다.

다음으로 살펴볼 지점은 수목장이 '웰-다잉'을 느끼게 해준다는 점에 있다. 떠나보낸 이를 안타깝게 떠나보내지 않았다고 위로할 수 있게 된다는 것이다. 물론 안타깝지 않은 죽음이 어디 있겠느냐마는 그래도 우리가 호상이라는 말을 만들어 사용하고 그 내용을 서로 이해하듯 '웰-다잉' 했다고 느끼는 감정의 지점이 분명히 존재한다는 점을 부인할 수는 없다.

앞서 이야기했듯 우리나라에서 수목장을 선택하는 대부분의 이가 자신의 장례를 직접 결정하고 있고, 게다가 수목장 자체가 자연으로의 회귀라는 가치를 가장 잘 담아내는 장례법이기 때문에 수목장을 하게 되면 적어도 안타깝지 않고 좋은 곳으로 가셨다는 위로가 될 수 있다.

자신이 원하는 마무리를 하였고, 자연으로 잘 돌아갔다는 생각은 '웰-다잉'과 연결될 뿐 아니라 남은 이들에게도 작은 위안이 될 수 있는 것이다. 산림청은 '요람에서 무덤까지 산림에서 행복'이라는 캐치프레이즈 아래 생애주기 산림복지 프로젝트를 진행해 오고 있다.

이는 우리가 죽음에 대해 기본적으로 가지고 있는 인식 중 하나가 자연으로의 회귀라는 것을 잘 나타내고 있는 캐치프레이즈라고 할 수 있다. 따라서 자연으로 잘 돌아가셨다는 것, '웰-다잉' 하셨다는 것은 남은 이들에게 해소되지 못한 감정 없이 잘 정리할 수 있는 기회를 제공해 준다. 끝없이 안타깝고 슬프기만 한 일로 생각되어 해소되지 못한 감정들 속에 헤어 나오지 못하는 상황을 초래하지 않도록 하는 효과를 줄 수 있다.

재단법인 무궁화공원묘원의 추모목

고령화를 대비한
정부의 지원

'한 그루의 나무가 되어'

2018년 6월 28일 국회에서 열린 수목장림 활성화 심포지엄에 등장한 문구다. 사실 우리가 아주 공고해 무너질 것 같지 않던 종래의 장례법에서 탈피해 수목장에 관심을 가지게 된 것은 그 공고함을 무너뜨릴 정도로 크게 문제가 되던 기존 장례문화의 한계와 병폐 때문이다.

그러나 지금의 시점에서 우리가 중요시 여겨야 하는 지점은 그 너머에 있다. 우리에게 수목장이 발견되고 매력적인 대안으로 떠오른 데에는 기존 장례법의 문제를 완전히 해소할 수 있는 훌륭한 가치를 수목장이 지니고 있었기 때문이었지만 지금 우리가 실질적으로 논하는 것은 수목장이 가진 더욱 훌륭한 본질적 가치들에 대한 것이다.

정부나 정치권 등이 이에 관심을 가지게 된 것도 바로 그런 연유에서이다. 정부나 정치권 등 국민의 관심사나 의사에 촉각을 곤두세울 수밖에 없는 진영의 이들에게 수목장이 대단히 중요한 가치로 떠오르게 되었다.

이제 정부 등은 수목장을 복지 차원에서 인식하기 시작했다. '제2차 장사시설 수급 종합계획'의 방향성이나 정치권의 각종 수목장 건립 공약 등이 이를 방증한다고 할 수 있다. 장사 등에 관한 법률 시행령도 개정되어 본격적으로 수목장 활성화에 정책적으로 강한 드라이브가 걸릴 예정이다.

이는 대단히 가치 있는 일이고, 우리 사회를 한 단계 더욱 질 높은 사회로 이끄는 방안이 될 것이다. 사실 우리 사회가 복지를 강화하게 된 것이 그리 오랜 세월이 지나지는 않았지만, 우리가 특별히 '웰-다잉'과 관련해서는 복지의 수준이라는 것이 거의 전무하다시피 한 수준이었음을 감안해야 하기 때문이다.

그동안 묘지와 관련된 각종 사회 병폐가 만연하고 그를 둘러싼 후손들의 갈등 등 기존의 장례법이 제반 사회에 미치는 각종 문제가 곳

곳에서 발생하였음에도 이는 모두 개인과 집안 등이 해결해야 하는 문제로 치부되기 일쑤였다. 그러나 사실상 이 문제는 실질적으로 고인은 물론 후손들에게 있어 무시할 수 없는 문젯거리였다.

사실상 이는 이 문제가 고인과 후손들의 '웰-다잉'을 결정짓는 중대한 마무리라는 점에 대한 이해가 부족한 것이었다. 선산이 마련되어있지 않아 좋은 묏자리 없이 떠나는 이의 심정, 그리고 그 부담 전체를 자손들에게 안겨주어야 하는 심정에 더해 자손들은 조금이라도 더 좋은 마무리를 해 드리지 못해 죄스러운 마음을 간직해야만 하는 것이 종래의 장례법이 가진 구조적 병폐 가운데 하나였다.

이와 관련된 모든 책임과 부담은 개인에게 맞추어진 것이었다. 이는 국토 대부분이 산림으로 이루어진 나라에서 산림을 제대로 활용하지 못한 장례법 때문이기도 하겠지만 기본적으로는 이와 관련한 대책을 내놓는데 크게 고심하지 못했던 정부 정책의 방향과도 맞닿아 있는 이야기라 할 수 있는 것이다.

그래도 늦게나마 정부의 정책 기조가 '웰-다잉'을 복지의 중요한 부분으로 인식하고 그에 걸맞은 정책 입안을 할 수 있도록 하고 있다는 것이 다행이라 할 것이다. 현재 정부는 수목장을 위한 자연장지 조성이나 공원화 등에 모든 역량을 다할 예정에 있으며 전국에 화장로 52로를 확충하고 자연장지는 13만 4,000구를 조만간 마련할 예정에 있다.

또한, 2018년 치러진 6월 지방선거에서 천안시장으로 당선된 구본영 시장은 지방선거 당시 대규모 수목장림을 조성해 고인이 된 시민의 안식처를 확보하겠다는 내용을 공약으로 내세우기도 했다. 천안 추모공원 내 시유림을 활용해 수목장림을 조성하겠다는 것인데 이러한 공약들이 속속들이 등장한다는 것은 크게 반길 만하다.

이제 걸음마 수준의 시작을 하게 된 것으로 보아야 하지만, 우리가 이를 의미 있게 보아야 하는 것은 장례문화를 복지로 인식하기 시작하고 '웰–다잉'을 중대한 복지 요소로 인식하기 시작했다는 것 자체, 그러한 인식의 변화 자체가 대단히 큰 것이기 때문이다.

따라서 앞으로 우리 정부와 사회는 이처럼 변화된 인식을 통해 많은 정책적 배려를 시작할 것이다. 사회가 고령화되고 따라서 그에 대한 정책 초점이 크게 맞춰질 수 있는 여건이 충분한 만큼 앞으로 수목장의 질 높은 활성화 등 우리가 크게 기대해 볼 만 한 일들이 우리 눈앞에 곧 펼쳐질 수 있을 것이라 기대해 본다.

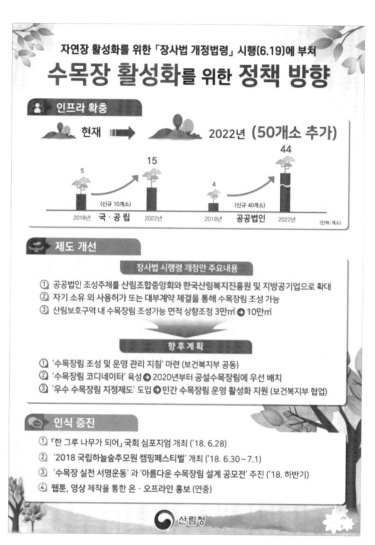

출처: http://news.heraldcorp.com/view.php?ud=20180627000630

■ 산림청의 수목장 계획

산림청이 지난 2000년대 중반부터 수목장의 정착과 활성화를 위해 지속적인 노력을 기울여왔음에도 불구하고 여전히 공설수목장림의 공급은 부진한 상황이며, 일부 사설수목장림에서는 고가의 추모목과 인위적인 시설로 국민의 눈높이를 충족시키지 못하고 있다. 이에 따라 산림청은 우수한 국유림을 토대로 국민들이 신뢰할 수 있는 수목장림 인프라를 확충하고, 민간의 건전한 수목장림을 조성하고 지원할 수 있도록 제도를 개선한다. 수목장에 대한 국민들의 잘못된 인식을 개선하기 위한 홍보와 캠페인을 지속적으로 전개해 나갈 계획이다. 이밖에 수목장림에 대한 국민의 잘못된 오해를 바로잡고 올바른 인식으로 전환키 위한 '수목장림 인식 개선사업'을 지속적으로 추진 예정이다.

장례문화의
세계적 흐름

　서울시설공단은 2015년 서울 생사 문화 주간을 설정하고 '삶이란 무엇인가'를 모토로 국제 심포지엄을 주최했다. 해당 심포지엄의 주제는 '웰-다잉과 성숙한 장례문화를 위하여'로 여기에는 일본 교토대 교수인 칼 베커 교수가 '죽음은 끝이 아니다'라는 주제로, 홍콩대의 찬 랍키 교수가 '죽음 교육을 통한 삶의 질 향상'을 주제로, 일본 도요대의 이노우에 하루요 교수가 '일본의 수목장을 통해 보는 과거와 현재'라는 주제로, 대만 츠지대의 앙잉웨이 교수가 '이타적 시신 기증에 대해'라는 주제로 발표를 했다.

　이는 지금까지 이야기했던 여러 이야기들을 압축해 표현하는 상징적인 심포지엄이라 할 수 있다. '삶이란 무엇인가'를 논하는데 '웰-다잉과 성숙한 장례문화'가 중점적으로 논의되었으며 '죽음은 끝이 아니고', '죽음 교육을 통해 삶의 질을 향상해야 하며', 관련하여 '수목장'이 논의되는 것이 현재 장례문화를 둘러싼 세계적 흐름이라 할 수 있는 것이다.

즉, 다시 말해 '웰-빙'이 곧 '웰-다잉'이며, '웰-다잉'이 곧 '웰-빙'이라는 것, 그리고 죽음 교육을 통해 죽음이 완전한 끝이 아니라는 것을 인식하며 자신의 마무리를 잘 준비하고 수목장을 통해 후손과 공존하고 아름다운 마무리를 실천할 수 있도록 하는 것이 성숙한 장례문화라는 것이다.

많은 분들이 이에 대해 공감할만한 지점이 있을 것이다. 정리해 본다면 수목장이 가지는 주된 가치는 '웰-다잉'을 가능케 해주는 가치, '배려'의 가치, '공존'의 가치라 할 수 있다. 또한 이러한 가치들은 상호 작용하기 마련이다. 자신이 자신의 마무리를 아름답게 장식하려 할 때 자기자신의 안녕만을 바라는 이가 있을까. 대부분 그렇지 않을 것이다.

그 때문에 자신의 마무리가 후손들에게도 좋고 이 사회에도 긍정적인 영향을 미칠 수 있도록 하며 생을 마무리하고 싶은 욕망이 누구에게나 있는 것이다. 따라서 남은 이들을 배려하고 사회를 배려하며, 함께 공존하고 싶은 마음을 드러내고 그를 통해 자신의 마무리를 의미 있고 아름답게 하려는 일은 한 덩어리로 얽혀있다고 보아야 한다.

그리고 그 모두를 가능케 하는 장례법이 바로 수목장이지 않은가. 책 전체를 통해 역설했던 수목장의 본질과 가치가 결국은 '웰-다잉', '배려', '공존'으로 정리될 수 있는 것이다.

» Information

■ 해외 수목장의 인기도

우리나라에서뿐만 아니라 전 세계적으로 수목장은 '자연 친화적'인 장례문화로 인기가 높다. 수목장이 처음 창안된 곳은 앞서 언급한 데로 '스위스'다. '윌리 자우터'가 사망한 친구를 화장한 뒤 나무 밑에 묻었던 것이 수목장의 시작이다.

그런데 이런 상례문화에 대해 조문객들의 반응이 긍정적인 평가를 얻자 자우터는 '프리드발트'라는 상표를 단 수목장림을 조성·관리하는 일을 시작했다. 이 같은 수목장 열풍은 스위스를 넘어 독일, 영국 등 유럽 전역으로 퍼졌다.

그리고 이제는 우리나라와 일본 등 아시아에까지 그 영향력을 넓히고 있다. 특히 몇 해 전부터 '웰-빙'에 이어 '웰-다잉' 열풍이 불면서 '죽음'과 '인생의 마무리'에 대한 인식이 변화하면서 수목장에 대한 인기가 높아지고 있는 상황이다.

어쩌면 묘지난 등의 문제가 심각했던 우리나라 이외에도 세계적으로 많은 나라의 사람들이 수목장에 집중하게 되고 장례문화의 세계적 흐름이 된 것이 바로 이 때문 아닐까 한다. 수목장이 아름답고 의미 있는 소중한 가치들이 한데 모인 결정체이기 때문이다. 또한 그 가치들이 지금의 시대에서 가장 크게 빛나는 시대정신이라는 것이 중요하다.

따라서 수목장이 우리의 앞에 다가온 것은 축복이라 할 만하다. 묘지난으로 말미암은 문제 한두 가지를 해결하는 것도 지금까지 그 어마어마한 세월이 걸렸고, 제대로 문제를 해결하지도 못하였는데 그러한 문제들을 일시에 해결할 수 있으면서도 자연을 생각하고 생명을 존중하며 후손과 사회를 배려하고 서로 공존하는 가치를 담아 존엄하고 의미 있는 마무리로서의 '웰–다잉'을 가능케 할 수 있도록 하는 이 모든 굵직굵직한 일들을 수목장이 홀로 해낼 수 있기 때문이다.

우리가 어떠한 사회문제를 해결할 때 이러한 정도로 이러한 차원에서 문제 해결을 완벽하게 이뤄낼 수 있는 방안이 도출된 적이 있었는지 의아할 정도라 할 수 있다. 따라서 우리는 현재 불고 있는 수목장 바람을 잘 살리고 발전시켜가며 잘 관리해 수목장이 가진 가치를 극대화할 수 있는 모습으로 우리 사회에 수목장을 제대로 정착시킬 수 있도록 해야 한다. 이에는 정부 등 유관기관의 노력도 필요하겠지만 수목장을 바라보는 우리들의 인식 등도 큰 역할을 할 수 있을 것이다.

수목장이 가지는 가치를 사랑하고 아끼며 우리에게 축복처럼 찾아온 새로운 장례문화로서의 수목장을 잘 살려 의미 있고 아름다운 장례문화를 우리 스스로 잘 만들어갈 수 있기를 바란다. 자연을 살리고 우리를 살리고 떠난 이와 함께할 수 있는 수목장이 우리 곁에 오래오래 머무르게 될 때 비로소 우리는 진정 '웰—다잉'을 위한 '웰—빙'을 이뤄낼 수 있게 될 것이다.